신행사전 002
성서학 용어 사전
아서 G. 팻지아 · 앤서니 J. 페트로타

ivp.co.kr

rmaenge.com

Originally published by InterVarsity Press as *Pocket Dictionary of Biblical Studies* by Arthur G. Patzia & Anthony J. Petrotta. ⓒ 2002 by Arthur G. Patzia & Anthony J. Petrotta. Translated and printed by permission of InterVarsity Press, P.O. Box 1400, Downers Grove, IL 60515, USA. www.ivpress.com. License arranged through rMaeng2, Seoul, Republic of Korea.

This Korean edition ⓒ 2019, 2021 by rMAENGe
This Korean edition is translated by Neulsam Ha & Hosung Maeng and is used by permission of rMAENGe, Seoul, Republic of Korea.

This Korean paperback edition ⓒ 2021 by rMAENGe
This paperback edition is published by IVP, Seoul, Republic of Korea.
All rights reserved.

ⓒ 2019, 2021 알맹e
이 한국어판의 저작권은 저작권사와 독점 계약한 알맹e에 있으며,
이 종이책의 판면권은 한국 IVP에 있습니다. 신 저작권법에 의하여 한국 내에서 보호받는 저작물이므로 무단 전재와 무단 복제를 금합니다.

이 책은 현재 알맹e에서 전자책으로 출간 중이며, 이 종이책에 사용된 본문은 전자책의 것과 사소한 일부 포맷팅을 제외하고는 동일합니다. 알맹e의 이용허락을 받아 IVP에서 출간합니다.

이 사전은 다음 2권의 책에서 여러 항목을 차용했으며,
각각의 저작권자의 허락을 받고 이용했습니다.
DeMoss, Matthew S. *Pocket Dictionary for the Study of New Testament Greek*. InterVarsity Press, 2001.
Longman III, Tremper and Mark L. Strauss. *Baker Compact Dictionary of Biblical Studies*. Baker Books, 2018.

※ 오탈자 신고, 내용 수정 및 변경, 항목 추가 등을 알맹e 이메일(rmaenge@rmaeng2.com)로 전해 주시면 더 좋은 사전을 만드는 데 큰 도움이 될 것입니다.

성서학 용어 사전

아서 G. 팻지아 · 앤서니 J. 페트로타
하늘샘 · 맹호성 옮김

기민석 침례신학대학교 구약학 교수
길성남 고려신학대학원 신약학 교수
김근주 기독연구원 느헤미야 구약학 교수
김선용 기독연구원 느헤미야 객원교수 (신약)
김진명 장로회신학대학교 구약학 교수
류호준 전 백석대학교 신학대학원 구약학 교수
박정수 성결대학교 신약학 교수
정동현 에모리 대학교 신약학 PhD 논문 쓰는 중
감수

IVP 알맹e

나의 많은 성경 스승들,
특히 마티 L. 소오즈Marion "Marty" Lloyd Soards 교수님께
이 한국어판 성서학 용어 사전을 바칩니다

영어판 서문

이 사전은 미국 IVPInterVarsity Press에서 출간 중인 포켓 사전pocket dictionary 시리즈의 원래 의도를 충실히 따르고 있습니다. 대략 500개의 표제어를 통해 신구약 교재나 입문 과정에서 초보 성서학도가 흔히 마주칠 중요한 용어와 핵심 인물을 간략하게 정의했습니다. 수업 시간에 성서학자에게는 익숙하지만 학생들에게는 낯선 단어를 썼을 때, 멍 때리거나 호기심 가득한 눈으로 쳐다보거나 용기를 내어 자세한 설명을 부탁한 학생들에게 감사 인사를 전합니다.

성서학을 처음 공부하는 학생들에게 어떤 용어가 유용할지 고민하는 몇 달 동안 표제어 목록은 늘어나기도 하고 줄어들기도 했습니다. 성경 '연구'를 위한 표제어 구성에 집중하기 위해 성경 사전Bible Dictionary에서 쉽게 찾을 수 있는 일반적인 성경 용어, 인명, 지명 등은 일부러 제외했습니다. 또한 일반적인 용어와 개념을 싣기 위해 성서학의 다양한 접근법이나 히브리어 및 그리스어의 전문 용어는 피했습니다.

최대한 모국어(영어) 중심의 용어 사전을 만들려고 노력했지만, 성서학 분야에서 피해 가기 어려운 히브리어나 그리스어 또는 라틴어를 기반으로 하는 용어들도 몇몇 포함했습니다. 또한 성서학 용어 중에는 독일 성서학의 용어에서 유래된 것이 많기 때문에, 그 중에 몇몇 중요한 독일어 성서학 용어와 표현도 이 사전에 포함했습니다. 성경 원어를 언급해야 할 필요가 있을 경우에는 가급적 해당 원어와 함께 음역을 제시했습니다. 적은 분량의 '포켓' 사전이라는 목적에 충실하고자 교과서, 사전, 다른 참고 자료들에서 넘치도록 구할 수 있는 참고 도서는 포함하지 않았습니다. 부록으로 실은 약어 목록은 교과서와 참고 자료에서 가장 일반적으로 나타나는 형태로 실었습니다.

    이 포켓 사전 시리즈를 시작할 수 있는 비전을 제시하고, 이 책의 내용을 선정할 수 있도록 지도해 줬으며, 이 작업을 끝낼 수 있도록 격려해 준 IVP의 참고 도서 및 학술서 수석 편집자인 대니얼 G. 리드Daniel G. Reid 박사에게 감사의 인사를 전합니다. 모든 독자가 이 책을 통해 많은 도움을 얻기를 바랍니다.

미국 캘리포니아 멘로 파크에서
아서 G. 팻지아
앤서니 J. 페트로타

한국어판 서문

신행 사전 시리즈 번호 2가 암시하듯이 원래 이 성서학 용어 사전은 몇 년 전에 나올 계획이었습니다. 지금은 미국 그랜드래피즈에 신학석사Th.M. 과정으로 공부하러 간 하늘샘이 고려신학대학원 시절 초벌 번역한 후에 2년 동안 세 차례 더 수정한 원고를 받아서 전체적으로 원고를 다시 점검하면서 재번역하고, 여러 내용을 보강한 결과, 기획 단계부터 출간까지 예상외로 4년이란 세월이 소요되었습니다. 그만큼 추가하거나 변경된 내용들이 있습니다. 원서 영어판과 본서의 다른 점들은 다음과 같습니다.

1. '한국어' 성서학 용어 사전이기에 '한국어' 성서학 '용어'를 제시합니다. 다양한 용어가 사용되는 경우 독자가 판단하거나 이해하는 데 도움이 되도록 표제어로 채택되지 않은 것이라 할지라도 모두 나열했습니다.
2. 올바른 용어 선정을 위하여 성서학(신약학과 구약학) 전공자들의 감수 과정을 거쳤습니다.
3. 2002년에 출간된 원서를 토대로 한 용어 사전이기에, 기존 항목에는 필요한 최신 내용을 부분적으로 보강했고, 중요한 항목(예를 들면 '바울에 관한 새 관점')을 새로 추가했습니다.
4. 원서에서 그리스어나 히브리어가 영어로 음역되어 있는 것을 한국어판에서는 거의 모두 그리스어와 히브리어를 찾아서 넣고, 한국어로 음역해 두었습니다.
5. 원서에는 주로 영어 도서명이 제시되었지만, 한국어판에서는

해당 영어판이 번역서인 경우 원서 도서명(주로 독일어) 정보도 함께 제공했습니다. 더불어 해당 도서의 한국어판이 확인된 경우에는 한국어판 정보도 제시했습니다.
6. 성서학 입문자를 위한 사전이기에 부록에 구약 위경, 신약 외경, 사해문서, 미쉬나, 필론 등의 저서들을 한국어로 번역하여 제시함으로써 해당 도서명들을 한국어로 파악하고 관련 용어를 정립하는 데 도움이 되도록 했습니다. 전자책에 수록되어 있는 이 부록은 종이책에는 담지 않았고, 알맹e 홈페이지에서 찾아볼 수 있게 했습니다.
7. 원서의 부록에 있는 해외 성서학 저널이나 성경 주석 목록에서 중요하다고 판단되는 것들은 김선용 박사의 도움을 받아 각각의 특징이나 설명을 추가했고, 특히 원서에 없는 2002년 이후 새로 나온 주석이나 저널, 그리고 기타 영어권과 독일어권 출간물도 중요하다고 판단되는 경우 추가했습니다[약어는 *SBL Handbook of Style*, 2판(2014)을 따랐습니다]. 종이책에는 수록하지 않은 이 부록도 알맹e 홈페이지에서 찾아볼 수 있습니다.

끝으로, 이 사전의 제목에도 포함되어 있는 영어 단어 'Bible'은 이 책에서 다음과 같이 번역했습니다. 어느 교단에서는 '성서'라는 용어가 절대 용납되지 않는 반면, 어느 교단에서는 성경이라고 하면 학문적인 분위기가 나지 않는다고 생각하는 그런 커다란 생각 차이가 존재하는 이 땅의 신학계에서 모두를 만족시키는 답은 없을 것입니다. 성서학Biblical Studies은 하나의 학문으로 자리를 잡은 용어이니 그대로 사용했습니다. 단, 성경은 그저 성경이기에, 그 외의 용어에서는 특별한 이유가 없으면 모두 '성경'이란 용어를 사용했습니다. 그래서 성경 고고학이나 성경 신학보다는 성서 고고학이나 성서 신학이란 용어를 선호하는 독자가 있다면 그렇게 읽으면서 넘어가 주시기 바랍니다.

성경을 사랑하는 마음이 넘쳐나, 한 걸음 더 나아가서 하나의 학문으로 성경을 열심히 연구하고자 하는 이 땅의 성서학도들에게 이 사전이 좋은 도구로 쓰임받기를 소망합니다.

대한민국 수락산에서
2019년 8월 22일
맹호성
공동 역자, 편집자 및 알맹e 공동 발행인

| 일러두기 |

1. 인명의 경우 성이 앞에 배치되어 있습니다. 예) 바르트, 칼
2. 표제어가 여러 가지 대안 용어로도 통용되는 경우에는 원문제어의 영문(라틴어) 표기 뒤에 추가로 나열했습니다. 예) **언약** covenant 계약
3. 수식어가 붙은 표제어의 경우, 항목에 따라 제일 중요한 개념이 앞에 배치되도록 쉼표로 순서를 바꾼 경우가 더러 있습니다. 예) 종말론, 실현된
4. 같은 표제어가 한국어 어순상 첫 단어가 아닌 경우 연달아 함께 참고하도록 표제어 순서를 뒤집은 경우가 더러 있습니다. 예) 예언서(, 전후기) | 예언서, 대 | 예언서, 소
5. 표제어 중 상황에 따라 해당 부분이 필요하지만 항상 필요하지 않은 경우 혹은 한국어 특성상 변동되어야 하는 경우 괄호로 묶어서 포함했습니다. 예) 표준(문)구(절) locus classicus
6. 편집자가 내용을 보완·보충한 경우에는 괄호로 묶였으며, 내용 끝에 ⓔ라고 표기했습니다.
7. 한국어 성경 본문은 개역개정판을 기본 판본으로 사용했습니다.
8. 한국어 도서명은 한국어로 출간된 경우에만 『 』로 표기했습니다.
9. 사전적 의미 전달을 정확하게 하기 위하여 쉼표를 의도적으로 많이 사용했습니다.
10. 교부 관련 용어의 한국어 표기는 한국교부학연구회, 『교부학 인명·지명 용례집』(분도출판사, 2008)을 따랐습니다.
11. 구약 외경(가톨릭 교회의 제2정경)에 해당하는 책의 한국어 표기는 『공동번역 성서 개정판』(대한성서공회, 1999)을 따랐습니다.
12. 표제어나 본문에 특정 감수자의 의견을 반영한 경우에는 아래의 이니셜을 표기했습니다(영문 이니셜순).

DHJ 정동현   HJR 류호준
JMK 김진명   JSP 박정수
KJK 김근주   MSK 기민석
SNK 길성남   SYK 김선용

이 사전의 상호 참조 방식은 다음과 같습니다.

- 단어나 문구 앞에 오는 별표(*)는 해당 단어나 문구가 별도의 표제어로 존재한다는 것을 알립니다.
- 괄호 안에 '참조.'와 함께 제시되는 표제어는 연관 표제어를 소개하는 것입니다.
- 표제어 설명 뒤에 '참조.'와 함께 제시되는 표제어(들)는 해당 표제어와 관련된 다른 표제어(들)를 망라하는 것입니다.
- 한 항목에 대해 여러 표제어가 있을 때(특히 한국어 특성상 순서가 뒤집어지는 경우를 포함하여), 대안 표제어도 필요한 경우에는 독립 항목으로 넣고, '참조.'를 통해서 대표 표제어를 찾아볼 수 있게 했습니다.

ㄱ

가정 규례 SNK SYK household code 가훈 목록JSP, 가정 준칙HJR, 가정 규범 신약이나 그 외 그리스어 문헌에서 나타나는 '규칙'rules이나 '목록'tables으로, 집이나 교회에 속하는 남편과 아내, 자녀와 부모, 종과 주인의 가정 내 관계에 대해 다룬다(엡 5:21-6:9; 골 3:18-4:1; 벧전 2:18-3:7). 여러 측면에서 신약의 규칙들은 1세기 사회 구조를 따르지만, 구성원이 그리스도인이었기에 상호적인 책임, 존중, 사랑, 성실의 원칙을 포함했다. 이를 뜻하는 독일어 용어 Haustafeln 하우스타펠른이 신약학과 주석서에서 종종 사용된다.

가퉁 Gattung 장르 (양식form이라는 더 작은 분별 가능한 단위들로 이루어져) 같은 종류에 속하는 다른 요소들과 함께 분류될 수 있는 전형적인 텍스트 패턴. 독일어 용어인 Gattung은 이런 일반적인 유형이나 *장르를 가리킨다(예. *사가saga, *전설legend, *복음서Gospel). 이보다 더 작고 전통적인 단위는 양식Form이다(예. *찬송, *이적 기사miracle story, *선언적 예화選言的 例話, pronouncement story, *재앙 신탁 woe oracle). 관련된 용어 가퉁사Gattungsgeschichte(장르 역사)는 분류나 장르에 대한 역사적 연구를 가리키며, 원래 *구두 전승되었던 더 작은 문학 단위에 집중하는 양식사Formgeschichte와 구별되어야 한다. **참조.** *장르 비평.

가현설 docetism 도케티즘 1세기에 나타난 초기 기독교 이단으로, 예수의 온전한 인성을 부인하고 그에 따라 그의 고난과 죽음의 실재 또한 부정했다. 즉 예수는 단지 온전히 성육신한 하나님처럼 '보이기만'(그리스어 δοκέω도케오는 '보이다, 가정하다'를 의미) 했다는 주장이다. 이 이단에 대응하려는 시도의 좋은 예는 요한1서다 (예. 1:1-4; 4:1-3).

간결성 terseness 압축성 히브리 시는 그 사상을 표현하기 위해 절제된 언어를 사용한다. 이와 같이 짧은 분량을 유지하려는 경향을 간결성이라고 부를 수 있으며, 이는 평행법 및 강렬한 은유 언어와 더불

어 히브리 시의 가장 흔한 특징 중 하나다. **참조**. *생략법; *평행법.●

갈등 담화 conflict story 충돌 담화, -이야기 복음서에서 예수가 주로 한 명이나 그 이상의 서기관 혹은 바리새인 같은 종교 권위자와 갈등하며 선언한 내용을 기록한 짧은 담화(참조. 마 12:1-8; 21:23-27; 23:1-39). 비슷한 용어로는 **논쟁사화**controversy dialogue가 있으며, 그 예로는 시험을 받던 예수가 사탄과 대립하는 장면이 있다(마 4:1-11과 병행 본문).

감독 제도 episcopacy 감독 정치 기독교에서 감독bishop이 관리하는 교회 체계를 가리킨다(그리스어 ἐπισκοπέω에피스코페오는 '감독하다, 돌보다'를 의미). 신약에서 감독은 교회를 돌보고 감독하는 지도자로 등장한다(빌 1:1; 딤전 3:2-7; 딛 1:7-9; 벧전 2:25).

감사 시편 thanksgiving psalms *찬송hymn을 보라.

개정(본) recension 수정(본), 개찬(본) 더 이른 텍스트나 문서를 고치는 행위 혹은 그 결과물. 특히 구약 및 신약의 *본문 비평에서 쓰이는 용어지만, 문학 비평가들이 텍스트의 전승 과정에 대해 말할 때도 가끔 쓰인다. 엄밀히 말하면 모든 사본은 그 이전 사본의 수정본이다.

개종자 proselyte 다른 종교로 개종하고 그 신앙 공동체의 일원이 된 사람. (특히, 신약학에서는 초대교회 시기에 유대교로 개종하고 할례를 받은 이방인을 가리키는 용어로 주로 사용됨.ⓒ) 많은 구약의 법은 유대교 내의 '타향 사람'과 '거류 외국인'들의 권리와 특권을 인정했다. 그러나 여기에 속하는 사람들이 '완전히' 혹은 '온전히' 유대인으로 여겨졌는지에 대해서는 확실히 알 수 없다. 후대의 랍비 문헌(*미쉬나)에 의하면 개종 절차는 율법 공부, (남자의 경우) 할례, 침례, 제사를 포함했다. 신약에도 개종자(προσήλυτος프로셀뤼토스)에 대한 언급이 여러 차례 나온다(참조. 행 2:11; 6:5; 13:43). 개종자는 소위 '하나님을 경외하는 이방인'Gentile God-fearers으로 불리는 사람들과는 다른 개념으로, 후자는 (아마도 유일신 사상과 높은 도덕적 기준 때문에) 유대교에 대해 관심을 갖고 있으나 유대교

● 출처: *Baker Compact Dictionary of Biblical Studies*. Baker Publishing Group의 허락을 받아 사용함.

신앙과 그에 맞는 삶에 온전히 충실하지는 않았던 이들이다(참조. "하나님을 섬기는 사람", 행 16:14; 18:7).

거룩한 전쟁 holy war 성전聖戰 전쟁에서 얻은 모든 가축과 물건 및 모든 사람을 전멸하거나 희생 제물(히. חרם헤렘)로 바침으로써 *야훼를 향한 온전한 헌신을 보이는 행위를 가리키며, 특별히 출애굽 이후 가나안 정복기의 경우를 일컫는다(참조. 신 7:1-2). 여호수아 6장은 이스라엘이 행한 성전의 가장 적절한 예시. 고대 사회에서 전쟁은 항상 존재했던 위협이자 현실이었기에, 학자들은 전쟁이 정치적인 목적 이외에 이스라엘과 다른 민족들의 종교적 삶 및 실천과 연관되어 있음을 강조하기 위해 '성전'이라는 용어를 사용했다. 이스라엘에서 성전은 정치적이며 *제의적인 *언약 관계와 연결되어 있었고, 전쟁 준비나 전쟁 중에 종교적 의례를 행했다(신 20장). 고대 이스라엘인이 언제나 야훼가 그들의 편에서 싸운다고 생각했다는 의미에서 성전의 개념을 이해해서는 안 되는데, 이는 이스라엘이 언약에 따라 살지 않으면 외세의 침략 전쟁을 통해 야훼의 심판을 받을 수 있었기 때문이다.

게니자 genizah 회당 창고 오래되었으며 사용하지 않는 거룩한 텍스트들을 보관하는 고대 회당 속 방이나 창고. **참조.** *다마스쿠스 문서.

게마라 Gemarah ***탈무드**를 보라.

게쉬히테 Geschichte ***히스토리**를 보라.

게오님 Geonim 6세기 중반부터 11세기 중반까지 활동한 바빌론의 *랍비 교사들. *디아스포라 유대인들은 이들이 믿음과 실천의 문제들을 확정해 주기를 바랐다. 이들은 팔레스타인 *탈무드가 아닌 바빌로니아 *탈무드를 기본 텍스트로 삼았다.

게헨나 gehenna 기드론 계곡과 연결되는 예루살렘 남동쪽 골짜기인 '힌놈 계곡'(히. גיהנם게힌놈; 그. Γέεννα게엔나; 라. gehenna)으로, 악인들이 멸망하는 곳을 상징한다. 구약에서 어린아이를 몰록 신에게 희생 제물로 바치고 태우던 곳으로 나온다(왕하 23:10; 대하 28:3; 33:6). 하지만 죽은 동물과 쓰레기를 태우는 곳이기도 했다. 신약에서 게헨나는 악인들이 멸망하고 벌을 받는 시각적 상징물이었는데(마 5:22; 10:28; 23:33; 막 9:43-47; 참조. 사 66:24), 그에 따라 영역본에서는 'hell'지옥로 자주 등장한다.

격언 maxim ***아포리즘**; ***잠언**을 보라.

견유학파 Cynic 퀴니코스-JSP, 키니코스- 시노페의 디오게네스Diogenes of Sinope(기원전 약 400-325)가 창시한 철학 운동으로, 철학적 원리를 다루는 학파보다는 생활 방식에 가깝다. 디오게네스는 공공연한 자리에서 드러낸 창피한 줄 모르는 행동 때문에 '개 같은 디오게네스'라는 이름을 얻었다('cynic'은 '개'를 의미하는 그리스어 κύων 퀴온에서 파생). 견유학파는 사치 대신 검소를 추구하며 단순하게 '자연 이치에 따라' 살았다.

결의(론적 율)법決疑法 casuistic law 조건법 행동과 그에 따른 결과, 그리고 경감 사유나 참작(할 상황)이 명기된, "…하면…할 것이다"와 같은 조건을 특징으로 하는 법의 형태. 성경 속 예시로는 출애굽기 21:12-13이 있다. "사람을 쳐죽인 자는 반드시 죽일 것이나 만일 사람이 고의적으로 한 것이 아니라 나 하나님이 사람을 그의 손에 넘긴 것이면 내가 그를 위하여 한 곳을 정하리니 그 사람이 그리로 도망할 것"이다. 결의법은 *정언(명)법定言(命)法과는 반대되는 개념이다.

경계 표지 boundary markers ***바울에 관한 새 관점**을 보라.

경구 epigram ***잠언**을 보라.

경향 비평 tendency criticism 신약 책들의 경향을 분별하려는 방법론. *바우어F. C. Baur 및 *튀빙겐 학파와 관련된 이 방법론은 신약 성경의 기원, 시대, 성질을 분석하여 저자의 텐덴츠Tendenz(경향 혹은 목표, 성향)를 파악한다. 예를 들어 사도행전에서 누가의 텐덴츠는 베드로와 바울의 차이를 최소화함으로써 교회를 평화롭게 그리는 것이었다. **참조.** *편집 비평.

계대결혼繼代- levirate marriage 수혼제嫂婚制KJK, 고엘제도JMK, 역연혼逆緣婚, 레비레이트혼, 형사취수제兄死娶嫂制 자녀 없이 죽은 남자의 상속권을 보존하게 해 준 고대 이스라엘의 관습. 남자가 죽게 되면, 가장 나이가 많은 형제의 의무는 그 과부와 결혼하여 '이름'을 이어 갈, 그리고 죽은 남자의 상속인이 될 자녀를 낳아 주는 것이었다(신

25:5-10). 이 관습은 과부를 위한 신분도 제공해 주었다. 룻기는 이 관습을 전제로 한다(룻 3:13). 보아스는 토지와 룻 모두 '물렀고', 이렇게 무른 사람을 가끔 '기업 무를 자'kinsman redeemer로 불렀다. 그러나 이 이야기는 단순한 유산 상속의 문제만이 아니었다. 왜냐하면 나오미와 룻은 사회 구조로 확립된 권리보다는 공동체 내에서의 삶을 더 중요하게 여겼기 때문이다(하지만 이 권리들은 '새로운' 사회적 신분에서 자연스럽게 나오는 것이긴 했다. 룻 4:1-10).

고대 서아시아JMK Ancient Near East 고대 근동, 고대 중동HJR 과거에는 한국어로 고대 근동으로 주로 번역 사용되었지만, 고대 근동은 어디까지나 유럽의 관점에서 명명된 지명이므로, 작게는 한국인, 크게는 아시아인의 입장에서 고대 서아시아로 번역하는 것이 적절할 것이다.●

고등 비평 higher criticism 특별히 원저자, 기록 시기, 자료, 구성과 같은 주제를 평가하는 성경 본문의 비평적 연구를 가리키는 용어. *아이히호른J. G. Eichhorn이 고안한 용어로, *본문 비평이나 *하등 비평lower criticism과 대조된다. 보수적인 해석가 사이에서 '고등 비평'이라는 용어는 성서학에서 주로 근대적이고 '과학적인' 전제를 강요하는 행위를 함의한다. 많은 학자가 이 용어를 더 이상 사용하지 않는다. **참조.** *역사 비평.

고문자학 paleography 고대 글쓰기의(주로 육필 글씨체의) 역사와 발전에 대한 연구. 고대 텍스트의 시기를 추측하고 그 뜻을 해독하는 데 쓰이며, *본문 비평에서 텍스트의 생성 시기와 출처를 확립하는 데 도움을 준다.

고별 담론 farewell discourse 고별 설교 성경 내외 문헌에서 곧 죽을 사람이 가족 또는 친구, 제자들에게 이별의 말(대개 가르침이나 경고를 포함)을 하는 장르를 가리키는 전문 용어. 야곱(창 48-49장), 모세(신 31-34장), 여호수아(수 23-24장)가 이와 같은 연설을 했

● 알맹e 자체 항목. 이 사전에서는 "이미 확립된 학술 용어"인 '고대 근동' 대신 상대적으로 생소한 이 용어를 채택하나, 독자들의 빠르고 정확한 이해를 돕기 위하여 '고대 서아시아근동'으로 표기한다. 이와는 달리 주원준은 『구약성경과 신들』(한님성서연구소, 2018 개정판) 서문(15-16 각주2)에서 "이 지역을 '근동'이 아닌 '중동'으로" 칭해야 한다고 본다.ⓒ

다. 구약 *위경 문헌에서 나타나는 주목할 만한 예시로는 *열두 족장의 유언이 있다. 신약 속 예시로는 예수가 제자들에게 남긴 고별 담론(요 13-17장)과 바울이 에페소스에베소 장로들에게 건넨 작별 인사(행 20:17-38)가 있다. ('이별 인사말'을 의미하는) 독일어 단어 Abschiedsrede는 영어로 따로 번역하지 않고 사용한다.

고전 수사 비평 Classical Rhetorical Criticism *수사 비평**을 보라.

공관복음(서) Synoptic Gospels 마태, 마가, 누가의 *복음서를 의미한다. 이 세 복음서는 유사한 부분이 현저히 많으며 (같은 자료를 많이 썼음), 그에 따라 예수 이야기를 (같은 관점에서) '함께 본다.' **참조.** *그리스바흐, 요한 야코프; *복음서 대조; *공관복음서 문제.

공관복음(서) 문제 Synoptic Problem 세 권의 *공관복음서 사이에 존재하는 공통점과 차이점을 어떻게 설명할지를 다루는 '문제.' *그리스바흐J. J. Griesbach(1745-1812)가 고안한 용어다. 최근의 대다수 학자는 마가복음이 최초로 기록된written *복음서이며, 마태와 누가가 *Q로 알려진 어록 자료와 함께 마가복음을 자료로 사용했다고 본다. **참조.** *두자료설.

공동 서신 Catholic Epistles 신약의 일곱 서신(야고보서, 베드로전후서, 요한1·2·3서, 유다서)을 가리키는 용어로, 바울 서신과는 다르게 특정 교회가 아닌 일반 그리스도인들을 대상으로 쓰였기에 이런 이름이 사용되었다(catholic은 대개 '일반적'이나 '보편적'을 의미). 따라서 예를 들어 야고보서는 "흩어져 있는 열두 지파"(1:1)를 위해, 베드로전서는 여러 로마 속주에 "흩어진 나그네"(1:1)를 위해 작성되었다. 히브리서는 확실하지는 않아도 특정한 대상을 갖고 있기에 이 목록에 포함되지 않았다.

공동체 규율(서) Rule of the Community 공동체 규칙(서) *쿰란 공동체의 신앙과 규칙을 기록한 문서. 1QS로 줄여 쓰기도 하는 이 문서는 이전에 규율 지침서Manual of Discipline, 훈련교범로 불렸으며, *사해 문서에서 가장 유명한 문서 중 하나다. 또한 신약 시대 한 유대 종파의 신앙 체계를 이해할 수 있는 소중한 자료다.

교리문답 catechesis, catechetical 요리 문답, 교리 교육 종교 공동체의 맥락에서 신자들에게 믿음과 윤리의 내용을 가르치기 위해 *구두 혹은 기록 형태를 띠는 도덕·종교적 자료를 가리킨다('알려 주다, 교육하다, 가르치다'를 의미하는 그리스어 κατηχέω카테케오에서 파생). 신명기, 복음서(특히 마태복음), 서신서의 일부를 본래 이와 같은 목적으로 사용했다. **참조.** *권면.

교부 시대 patristic era 대략적으로 로마의 클레멘스부터 *베다Bede까지의 '교부들의' 시대를 의미한다(약 100-750). 이 시기의 신학자들이 쓴 글들은 교회에서 오랜 시간 권위 있는 것으로 여겨졌다. 종교개혁 그리고 특별히 18세기의 비평적 연구 방법이 등장한 후에야 이 저술들을 진지하게 문제 삼기 시작했다. 교부들의 성경 해석은 성경을 육체와 영혼을 가진 사람으로 보는 특징이 있다. '육체'란 텍스트 자체의 단어들, 즉 '문자적 의미'(*센수스 리테랄리스 *sensus literalis*)이며, 영혼은 단어들이 가진 '영적 의미', 즉 도덕적이고 신비주의적인 의미(*센수스 플레니오르*sensus plenior*)다.

교정 emendation 수정 성경 본문의 비평적 검토를 바탕으로 사본을 수정하는 경우 (혹은 수정된 철자나 글자)를 가리킨다. 주로 다른 사본에 더 나은 이문이 있거나 더 이른 시기에 작성된 번역본이 있는 경우 교정이 이루어진다. 예를 들어 교정은 명백한 필사 실수(*중복오사dittography; *중자탈오haplography 등)를 고치거나, 교정 없이는 거의 말이 되지 않거나 아예 아무런 의미를 가질 수 없는, 특별히 어려운 텍스트를 해결해 준다. 후자에 속하는 교정을 '추정(에 근거한)'conjectural 교정이라 부르는데, 이러한 결정이 텍스트 자체에 의해 뒷받침되기보다 학자(들)의 판단에 달려 있기 때문이다. **참조.** *본문 비평.

교차배열법 chiasm 교차대구법[HJR] (문자 X처럼 생긴) 그리스어 문자 X카이에서 파생된 용어로, A-B-C-B′-A′처럼 단어나 단락이 X 모양으로 대응하는 수사적 도구다(이 교차배열법에서는 C가 핵심적인 역할을 하며, A는 반대편의 A′와 대응하고 나머지도 동일하게 이어진다). 예를 들어 (C와 같은 요소가 빠진) 교차배열 양식을 마가복음 2:27에서 찾을 수 있다.

A: 사람을 위하여
　B: 안식일이 있는 것이요
　B´: 안식일을 위하여
A´: 사람이 있는 것이 아니니
(한국어에서는 어순이 바뀜.ⓒ)
이런 양식은 마가복음에서처럼 간단할 수도 있고, 시나 비유나 책 한 권 전체를 아우를 만큼 복잡할 수도 있다. 저자는 이 도구를 통해 사고의 전개와 의미가 깊어지는 경우를 동시에 보여 줄 수 있다. 교차배열법을 통해서 단어와 주제로 '층을 쌓을' 수 있다.

교훈적인 didactic 주로 도덕적 의도를 갖고 교훈(**참조**. *디다케)을 주거나, 행위에 영향을 주기 위한 용도로 쓰인 문장이나 텍스트를 설명하는 형용사. *양식 비평가들은 많은 *잠언을 교훈적인 어록으로 여긴다. 잠언 19:17이 한 예시다. "가난한 자를 불쌍히 여기는 것은 여호와께 꾸어 드리는 것이니 그의 선행을 그에게 갚아 주시리라."

구두 전승 oral tradition 구전 기록의 형태기 이니라 밀로 선해신 이야기, 시, 가르침, 어록 등을 가리킨다. 고대 사회에서 구두 소통은 문화 보급과 보존을 위한 지배적 도구였다. 기록된 텍스트가 차지하는 비율이 늘어난 *헬레니즘 시대에 와서도 텍스트를 듣는 행위는 높이 평가되었다(예. 롬 10:17). 기억을 돕는 장치, 수사적 표현, 형식 구조formulaic structures는 전승 전달과 전승이 본래의 상태를 보존하도록 도왔다. 하지만 내용을 각색하고 특정 요소를 강조할 자유도 있었다. 구두 전승은 화자와 청자가 서로 직접적으로 반응할 수 있기에 텍스트에는 없는 즉시성immediacy을 갖는다.

구성 비평 composition criticism 독일어 Kompositionsgeschichte에서 파생된 전문 용어로, *편집 비평처럼 네 *복음서의 형성 과정에서 저자들이 창의적·신학적·문학적 역할을 했다는 점을 강조한 비평을 가리킨다.

구원 역사 salvation history 구속사 구속 역사, 즉 역사 속 하나님의 구원 계획을 말한다. 구원 역사는 독일어 용어 Heilsgeschichte

*하일스게쉬히테를 번역한 것으로, 하나의 방법론이 아니라 역사 속에서 하나님이 지속적으로 구속을 위해 일하시는 이야기로 성경을 이해하는 신학적 원칙이다. 그러나 예를 들어 어떤 교리를 만들기 위한 일련의 근거 구절prooftext을 찾거나, 구원 역사 뒤에 숨겨진 '진짜' 사건의 '실제' 역사(*히스토리Historie)를 비평적으로 식별해 내기 위해 성경을 비평적으로 보는 관점과는 다르다. **참조.** *성경 신학 운동; *쿨만, 오스카.

구조주의 structuralism 문학적 연구의 특징을 공유하면서도, 그 범위를 넓혀 이야기뿐 아니라 언어학적이고 문화적인 요소를 아우르는 연구 방법론. 구조주의가 관심을 갖는 구조는 세트로 묶여 있으며, (선/악, 남/여, 삶/죽음처럼) 보편적인 인간 경험에 근거한 정반대의 개념으로 도식화되어 있다. 구조주의자들은 단어나 생각 자체에 내재한 의미를 찾으려 하기보다, 사람이 어떻게 자신의 사고와 표현을 형성하는지를 분석한다. 이 방법론은 클로드 레비스트로스Claude Lévi-Strauss의 사회인류학에서 비롯했으며, 알기르다스 줄리앙 그레마스Algirdas Julien Greimas에 의해 다른 분야 문헌에 적용되었고, 롤랑 바르트Roland Barthes에 의해 성경 문헌에 적용되었다.

궁켈, 헤르만 Gunkel, Hermann (1862-1932) 독일의 *종교사학파 학자이자 *양식 비평form criticism의 선구자. 궁켈은 먼저 두 권의 영향력 있는 창세기 주석서를 통해, 후에는 시편 주석서를 통해 양식 비평 방법론을 생각해 냈다. 궁켈은 구약의 이야기와 시가 후대에 확장되어 편집되기 이전에는 원래 *구두 전승으로 형태를 갖추고 있었다는 것을 보여 주려 했다. **참조.** *모빙켈, 지그문트.

권고 hortatory 충고 조언이나 권장의 특징을 갖는 가르침이다. **참조.** *권면.

권면 paraenesis 파라이네시스 여러 종류의 권고나 훈계를 가리키는 전문 용어. 신약학에서 이 용어는 주로 신자를 향한 도덕/윤리적인 권면을 의미한다. 바울은 여러 번 자신이 이전에 전한 교훈이나 가르침에 대해 내용을 암시하지 않고 단순하게 언급만 한다(고전 11:2; 빌 4:9; 골 2:6-7; 살전 4:2; 살후 2:15; 3:6). 하지만 다른 본문에서 바울은 서신을 받는 회중의 필요에 따라 다소 길고 권면적인 부분을 적어 놓았다. 구약학에서 이 용어는 역대기의 설교적 접근과 예언자의 계시를 묘사할 때 사용된다.

규율 지침서 Manual of Discipline 훈련 교범 *공동체 규율(서)를 보라.

그라프-벨하우젠 가설 Graf-Wellhausen Hypothesis *문서설을 보라.

그리스도(의) 현현 Christophany 그리스도의 나타남, -재현 부활 이후나(마 28:1-10, 16-17; 막 16:9-14; 눅 24:13-49), 변모했을 때(마 17:1-8; 막 9:2-8; 눅 9:28-36)처럼 그리스도가 제자들에게 나타나거나 자신을 드러내는 경우와, 주主가 다마스쿠스다메섹 길 위에서 바울에게 나타났을 때(행 9:3-16)를 가리키는 용어.

그리스도의 높아지심 exaltation of Christ -승귀昇貴, -광영光榮 그리스도의 부활 및 승천과 동일한 의미를 갖는 용어. 예를 들어 누가는 십자가의 결과로 부활, 승천, 높아지심을 모두 제시한다. 신약 성경의 다른 곳에서 높아지심은 예수 그리스도가 하나님과 함께 하늘에서 영광의 주로서 보좌에 즉위함을 확약하는 역할을 한다(엡 1:20; 2:6; 빌 2:9; 히 7:26).

그리스바흐, 요한 야코프 Griesbach, Johann Jakob (1745-1812) 독일의 신약학자. 그리스바흐는 *수용 본문을 수정하는 등 *본문 비평학에 크게 기여한 것과, *공관복음이라는 용어를 만들어 낸 것으로 알려져 있다. **참조.** *그리스바흐-파머 가설.

그리스바흐-파머 가설 Griesbach-Farmer Hypothesis 마가복음 대신 마태복음이 가장 먼저 기록되었으며, 마가와 누가가 마태복음을 이용하여 자신들의 복음서를 썼다고 설명하는 복음서 기록에 대한 이론이다. *그리스바흐J. J. Griesbach가 처음 발의한 이론으로 당시 학자들의 악평을 받았으나, 근래에 윌리엄 파머Wiliam Farmer가 이 이론을 소생시켰다. **참조.** *아우구스티누스 가설; *네자료설; *두자료설.

금석학金石學 epigraphy 비명碑銘 연구학, 제명학題銘學 *메사 석비와 같은 고대 석비문을 연구하고 해석하는 학문.

기념 논문집 Festschrift 중요한 학자를 기념하거나 그에게 영예를 돌리기 위하여 출판하는 학술 논문집으로, 주로 그 사람의 생일이나 학계 은퇴 때 발행한다. 독일어로 '축하'를 의미하는 Fest와 '쓰기'를 의미하는 Schrift의 합성어다.

기독론(적) 호칭 christological titles -칭호 그리스도, 주, 하나님의 아들, 인자, 메시아, 구주, 종과 같이 신약에서 나사렛 예수에게 부여된 다양한 호칭을 가리킨다. 이 호칭들은 예수가 누구인지 그리고 어떤 사명을 가졌는지를 정의하는 방식이 될 수 있다. 그러나 신약 기독론에 대한 온전한 이해를 위해서는 호칭 이외의 요인들도 고려해야 한다.

기발점起發點 terminus a quo테르미누스 아 쿠오 시작점 연대에 대해 논의할 때, 어떤 사건이 발생하거나 어떤 문서가 기술될 수 있었던 '가장 이른' 시점을 가리키는 라틴어 용어(문자 자체는 '어떤 것으로부터의 경계'를 의미). **참조.** *도달점*terminus ad quem*.

기업 무를 자 kinsman redeemer 고엘JMK, 친족 구속자SNK HJR, 친족 상환자DHJ *계대결혼을 보라.

기원(지) provenance 출처 문서의 기원이 되는 지역. 예를 들어 어떤 학자들은 네 번째 *복음서의 기원지가 팔레스타인이나 시리아일 것이라고 주장하고, 다른 학자들은 소아시아일 것이라고 추측한다.

길가메쉬 서사시 Gilgamesh Epic 길가메시- 기원전 3000년경 살았던 유명한 *메소포타미아 왕 길가메쉬를 둘러싼 이야기들. 이 이야기들은 삶과 죽음을 포함한 인류의 운명과 여타 주제들을 다루지만, 특별히 홍수 이야기가 대다수의 성서학자의 관심을 사로잡았으며, 이는 성경 이야기의 유일성uniqueness에 대해 많은 논쟁을 유발했다. 길가메쉬에 대한 이야기들은 가지각색의 수정을 거쳤으며 (이스라엘의 므깃도를 포함한) 고대 서아시아근동 도처에서 발견되어 왔다. 최근 학자들은 일반적으로 성경 이야기들을 이것과 더 조심스럽게 연결하고 있다. 하지만 성경 외의extrabiblical 이야기들은 성경 문화 환경에 대한 이해를 확장시켜 주고, 이는 다시 성경 속 단어, 형태, 관습, 관심사들에 대해 더 잘 이해할 수 있도록 도와 준다.

ㄴ

나그 함마디 문서 Nag Hammadi Library 상 이집트上-, Upper Egypt의 도시 나그 함마디 근처에서 발견된 콥트어 파피루스 문서 모음. 12개의 코덱스에 있는 52개의 텍스트들로 이루어졌으며, 1945-1946년경 한 항아리 안에서 발견되었다(열세 번째 *코덱스의 조각들도 있었음). 이 텍스트들은 4세기에 속한 것으로 추정되지만 2세기나 3세기 초반에 속하는 그리스어 문서의 사본도 있다. 대다수가 *영지주의적 성격을 띠고 있는 1차 자료로, *영지주의로 알려진 종교운동에 대해 상당한 단서를 제공한다.

난외 (어구) 주석 gloss 난외주 처음에는 성경 본문 옆 여백에 설명이나 수정하는 내용으로 등장했다가 후에 본문에 더해지거나 본문과 통합된 단어 혹은 어구, 절을 가리키는 이름. 예를 들어 사본 필사자가 요한복음 5:3-4의 난외에 베데스다 연못 물을 젓는 것에 관해 설명을 더했는데, 그것이 결국 다른 몇몇 사본에서는 본문의 일부가 되었다(개역개정 성경 각주를 참조하라).

남은 자 remnant 심판이나 재앙을 극복하고 남은 하나님의 의로운 사람들. 이 개념은 신구약 전체에서 나타나는 핵심 동기로, 성경 외 유대교 문헌 및 고대 서아시아近東 문헌에서도 발견된다. 이 주제는 죽음의 위협에서 생명이 유지되는 것(예. 화재나 기근), 배신의 상황에서 신실한 자들이 보호받는 것(왕상 19:14-18; 롬 11:1-6), 두려움, 위협, 분쟁의 상황에서도 진정한 하나님의 백성이 하나님에게 구원받는 것을 가리킬 수 있다. 하나님이 이스라엘을 심판할 때에도 남은 자를 예비하는데, 이는 희망의 근거가 된다(사 10:20-21; 습 3:12-13).

내용 비평, 내용 주석 Sachkritik, Sachexegese 내용 비평 혹은 주제 비평. 두 단어 모두 '사물, 개체, 주제'를 의미하는 독일어 명사 Sache에서 파생되었다. 영어로는 전자는 '내용 비평'content criticism(혹은 subject criticism©)으로, 후자는 '신학적 주석'theological exegesis(혹은 subject exegesis©)으로 각각 번역한다. 이 접근법은 텍스트를 해석하거나 주석할 때 텍스트가 지닌 진정한 의도나 내부의 논리Sache를 결정적인 요소로 본다. 학자들은 이러한 텍스트 해석 과정이 부분은 전체를, 전체는 부분을 바탕으로 해석하는 해석학적 순환hermeneutical circle을 만들어 낸다는 사실을 알게 되었다. 하지만 해석자가 텍스트의 진정한 의도와 어긋나는 것으로 결정된 측면을 무시하면 문제가 발생한다. (Sachexegese는 성경 텍스트가 증언하는 진정한 Sache를 밝혀내서 그 메시지를 오늘날에도 들을 수 있게 하는 데 초점을 맞춘다면, Sachkritik은 그 밝혀진 Sache를 가지고 텍스트 표면에 드러나는 특정한 표현 방식을 비판하는 작업까지를 포함한다. 즉 성경 저자들이 자신의 시대적·문화적 한계 속에서 채택한 특정한 표현방식이 그 본문의 Sache를 충실히 반영하는지를 비평적으로 검토하는 것이다. 이 부분에서 바르트와 불트만의 입장이 극명하게 갈린다. 바르트와 달리 불트만은 후자의 작업이 가능하고, 또한 필요하다고 여겼다.ᴰᴴᴶ)●

내포독자 implied reader 암묵독자ᴴᴶᴿ 어떤 텍스트에서 내포된 독자와 실제 독자를 구분하는 *서사 비평 용어. 내포독자는 텍스트를 가장 잘 이해하고 그에 반응할 수 있는 독자의 프로필을 의미하며, 때로는 이상적 독자라고도 한다. "그리스도 예수 안에서 빌립보에 사는 모든 성도"(빌 1:1)처럼 독자가 명시되어 있어도, 서사 비평가는 그 텍스트의 **내포독자**를 나타내는 요소를 찾기 위해 조심스레 텍스트를 읽을 것이다. 이런 방식은 에베소서를 읽을 때 더 유익한데, 실제 독자가 에페소스에베소 혹은 그 주위 지역의 특정 교회와 관련되어 있는지를 알 수 없기 때문이다. 이보다 더 일반적으로 요한복음과 같은 서사 텍스트에서는 내포독자를 찾는 것이 독자의 몫이 되기도 한다.

내포저자 implied author 암묵저자ᴴᴶᴿ 실제 작가와 텍스트에 제시된 페르소나를 구분하기 위해 *서사 비평에서 사용하는 용어. 내포저자는 실제 작가의 창조물로, 내포저자의 특성은 텍스트에 함축되거나 깊이 박혀 있다. 내포저자는 *내포독자를 대상으로 글을 쓴다. 어떤 상황에서 '내포저자'라는 용어는 어떤 문서의 원저자가 확실하

● 원서에는 표제어를 하나로 묶어 소개하는데, 각각의 미묘한 차이를 구분할 필요가 있어서 **DHJ**의 도움을 받아 추가함.ⓒ

지 않을 때 사용된다. 예를 들어 에베소서의 바울 저자설을 의심하는 학자들은 바울 대신 내포저자라는 용어를 쓸지도 모른다.

네문서설 Four-Document Hypothesis *네자료설을 보라.

네스틀레, 에버하르트 Nestle, Eberhard (1851-1913) 1898년에 처음 출판되었으며 지금은 28판까지 나온 네스틀레-알란트 그리스어 신약 성경 비평판의 근간을 세운 것으로 가장 잘 알려진 독일 학자.

네자료설 Four-Source Hypothesis *공관복음이 네 개의 각기 다른 자료에 기초한다고 보는 가설로, 네문서설이라고도 알려져 있다. 사복음서 저자들이 복음서를 쓰기 위해 사용한 자료에 관한 연구에서 스트리터B. H. Streeter는, *두자료설을 확장시켜 마가와 *Q자료 이외에 *M자료와 *L자료도 있었다고 주장했다. M과 L은 각각 마태와 누가에만 있는 자료들을 나타낸다. **참조.** *이중 전승.

노미나 사크라 nomina sacra 단축법 '거룩한 이름들'을 뜻하는 라틴어 단어(단. *nomen sacrum*). 고대 신약 사본을 필사할 때 하나님, 예수, 그리스도, 아들과 같은 거룩한 이름이나 칭호를 시간과 공간을 아끼기 위해 약자로 표기하거나 줄여서 작성했다(예. 하나님· θεός = ΘΣ; 그리스도: Χριστός = ΧΣ).

노붐 테스타멘툼 *Novum Testamentum* 신약 성경을 뜻하는 라틴어.

노아 언약 Noahic covenant 하나님이 노아와 맺은 *언약(창 9장). 유대인의 성경 이해에 따르면, 노아 언약은 이스라엘의 자손만이 아닌 피조물 전체를 대상으로 하기에, 이방인들은 모세 언약이 아니라 노아 언약에 명시된 조항에 대해서만 책임을 진다. 노아 언약은 모세 언약 및 다윗 언약에 비해 덜 복잡미묘하고 매우 단순하지만, 하나님이 여전히 창조 세계의 자연스럽고 질서 있는 작용에 대한 책임과 관계를 갖고 있음을 증언한다(무지개는 이 언약의 '표시'가 된다). **참조.** *예루살렘 공의회.

노트, 마르틴 Noth, Martin (1902-1968) 독일의 구약학자. 노트는 신명기가 *오경을 마무리하는 책이 아니라, 여호수아, 사사기, 사무엘, 열왕기에서 나타나는 이스라엘 역사를 여는 서문으로 보는 *신명기계 역사 이론으로 가장 잘 알려졌다. 또한 그는 이스라엘의 열두 지파 체계에 대한 *지파 동맹amphictyony 이론을 지지했다.

논쟁사화 controversy dialogue *갈등 **담화**를 보라.

누가행전 Luke-Acts 누가-행전 누가의 저서 두 권, 즉 누가복음과 사도행전을 함께 가리키는 말이다.

누지 문서 Nuzi Texts 현재의 북부 이라크에 위치한 누지에서 발견된 *아카드어 문서들. (1925-1941에 발견된) 이 문서들은 기원전 2000년의 구약 세계에 대한 비교 연구를 위한 중요한 역할을 해 왔다. 누지 문서는 법적 문제, 사회 관습, *신화를 다루는 4천 개가 넘는 *쐐기꼴 문자cuneiform 문서를 포함한다. 이 중 몇몇 관습은 *족장 이야기나 *오경의 법전에서 찾을 수 있는 유산 상속이나 결혼 제도와 같은 관습과 흡사하다. 하지만 족장 시대의 시기를 확립하기 위해 이 글을 사용할 때는 조심해야 한다. 왜냐하면 이 문서에 나오는 법이나 관습은 어떤 형태로는 심지어 기원후 첫 천 년에서도 발견할 수 있는 고대 서아시아근동의 일반적인 사회 환경을 반영하기 때문이다.

눙크 디미티스 Nunc Dimittis 시므온의 기도에 붙여진 라틴어 제목. 이 제목은 성전에서 예수의 헌신례dedication 때에 시므온이 드린 기도의 첫 두 단어에서 파생되었다(눅 2:29-32). *Nunc dimittis servum tuum Domine*"주재여 이제는 종을 평안히 놓아 주시는도다". 이 구절이 전승된 시므온의 말을 반영하는지 아니면 초기 유대교 *찬송(시)의 각색인지는 아직 논의되고 있다. **참조.** *베네딕투스; *마그니피카트.

느비임 Nebiim 히브리 *정경의 두 번째 부분으로, 전기 *예언서와 후기 *예언서로 이루어져 있다(히브리어 נביאים은 '선지자/예언자'를 의미한다). 전기 예언서는 여호수아, 사사기, 사무엘, 열왕기로 이루어져 있으며, 후기 예언서는 이사야, 예레미야, 에스겔 및 *열두 책(호세아, 요엘, 아모스, 오바댜, 요나, 미가, 나훔, 하박국, 스바냐, 학개, 스가랴, 말라기)으로 구성되어 있다(주의. 다니엘서는 *케투빔에 속한다ⓔ). **참조.** *타나크; *예언서, 전기.

니콜라우스, 리라의 Nicholas de Lyra (1270-1349) 중세의 성경 해석가. 니콜라우스는 히브리어를 연구했으며 특별히 *라쉬Rashi, 라시 주석을 비롯한 유대교 주석을 잘 알고 있었다(유대인들의 해석으로 초기 교부들의 해석에 대항함). *풍유적 의미보다는 문자적 의미를 다루었기에 일부 현대 주석가들에게 종종 높이 평가받지만, 그럼에도 불구하고 그는 문자적 의미를 기초로 한 '신비주의적' 본문 이해를 허용했다는 점이 흥미롭다. 그의 성경 주석은 역사상 최초로 인쇄된 주석이다.

ㄷ

다마스쿠스 문서 Damascus Document 1896년에 카이로의 오래된 회당의 *게니자genizah(회당 창고)에서 발견된 세 문서(집회서集會書, Sirach의 몇 부분, 아람어로 된 레위의 유언Testament of Levi 일부분, 다마스쿠스 문서) 중 하나로, 1910년에 *Fragments of a Zadokite Work*사독계 문헌 단편집으로 출간되었다. 이 문서들 중에서 가장 중요한 문서는 다마스쿠스 문서로, 문서 내에 다마스쿠스가 여러 차례 언급되었기에 붙여진 이름이다. 한편, 이 문서는 카이로에서 발견되었기에 카이로 다마스쿠스Cario Damascus(약자로 CD)라 불리기도 한다. CD의 사본들이 *쿰란에서 발견된 *사해 문서 가운데에도 있는데, 이것들은 4QDQumran Damascus(4는 쿰란 제 4동굴에서 발견된 문서라는 뜻ⓒ)로 불린다. 이 문서는 권고 사항과 일련의 법을 포함하고 있으며, 쿰란 *에세네파 공동체를 세운 사람으로 알려진 '의의 교사'the Teacher of Righteousness를 언급한다.

다중 증언의 기준 criterion of multiple attestation 다중 전승의 기준SYK 예수 어록의 진정성을 판단하는 기준 중 하나. 이 기준의 전제는 서로 다른 *복음서 자료들(마가, Q, M, L)에서 여러 회 등장하는multiply attested 비슷한 예수의 말이나 행동이 진정한 언행일 가능성이 높다는 것이다. **참조.** *일관성의 원칙; *진정성 판단 기준; *비유사성의 원칙.

단일신교 henotheism (택)일신교 다른 신들의 존재를 부인하지 않으면서 한 신을 섬기는 경우를 가리킨다. *족장들과 그들의 가족이 가졌던 종교에서 이 신념의 증거가 가끔 드러나며, 이스라엘 후기 역사의 대중 문화 속에도 존재했을 것이다. 예를 들어 미가 4:5에는 다음의 구절이 나온다. "만민이 각각 자기의 신의 이름을 의지하여 행하되 오직 우리는 우리 하나님 여호와의 이름을 의지하여 영원히 행하리로다."

단편 (문서)(가)설 Fragment Hypothesis *오경이나 *복음서 같은 성경 문서가 어떻게 형성되었는지를 다루는 맥락에서 사용되는 이론. 단편 문서설은 오경의 경우 *문서설의 대안 이론으로, 각각 다른 관점을 지닌 연속성 있는 여러 문서(J, E, D, P)가 오경을 이루는 게 아니라, 다양하고 수많은 문서 단편이 오경을 구성한다는 입장이다. [보충(가)설Supplement Hypothesis은 여기서 한 걸음 더 나아가 문서설에 단편설을 가미한 입장을 취한다.ⓒ] 복음서의 경우 학자들은, 제자들과 예수의 다른 추종자들이 예수의 언행 중 상당한 부분을 암기했다고 주장한다. 하지만 이 목격자들이 죽기 전에 그 이야기들을 다시 들을 필요가 있었다. 단편 문서설에 의하면, 이 '단편'들을 그 내용과 양식에 맞게 수집하고 분류한 것이 복음서다. **참조.** *양식 비평; *구두 전승.

담론 분석 discourse analysis 식별할 수 있는 문맥context이 있는 텍스트 속의 논리정연한 구성 단위들에 대한 연구. 담론 분석은 언어가 텍스트에서 어떻게 사용되었는지에 집중한다. 이 분석에는 또한 텍스트 언어학text-linguistics의 하위 분야인 텍스트 결속성textual cohesion, 논지 전개development of argument, 어용론語用論, pragmatics(대화 속에서 명기되지 않았으나 공유된 전제와 발화 사이의 상호 작용을 연구) 검토가 포함된다. 이런 목표들을 달성하기 위해 담론 분석은 *수사학, 인류학, 사회학, 기호론, *문학 비평, *독자반응 비평과 같은 분야를 이용하기도 한다.

답관체踏冠體 acrostic 이합체시, 아크로스틱 각 행의 첫 글자를 모으면 단어나 문구나 알파벳을 이루는 시의 형태. 예를 들어 시편 119편은 22개의 히브리어 알파벳 문자로 구성되어 있다(한 문자당 여덟 행). 답관체를 간혹 기억을 위한 장치의 일종으로 보는 경우가 있는

데, 사실 저자가 어떤 주제를 드러내기 위해(답관체 자체와 같이) 엄격한 형식을 사용하는 문학적이거나 심미적인 기법에 가깝다. *토라 *찬송시인 시편 119편의 경우, 저자는 토라가 완전히 충분하다는 점을 보여 주기 위해 스물두 문자를 사용했다(참조. 시 111편ⓒ).

대립명제(들) antitheses 반명제 산상수훈에서 모세와 예수의 가르침을 여섯 번 대조하는 부분을 가리키는 신약학 용어(마 5:21-48). "너희가…라고 들었으나"와 같은 형식구 뒤에 "하지만 나예수는 너희에게 이르노니"라는 대립명제가 나온다.

대문자 majuscule *대문자uncial를 보라.

대문자 uncial 대문자 혹은 정방형 문자로, 영어로는 majuscules로도 불린다. 이 문자체는 3세기부터 9-10세기까지 *양피지parchment, vellum에 쓰인 그리스어 사본의 특징이며, 성경의 주요 사본들은 모두 이 대문자로 표기되어 있다.

대필자 amanuensis 필사자나 서기처럼 불러 주는 말이나 편지의 개요를 바탕으로 글을 쓰도록 고용된 사람(라틴어에서 '손'을 의미하는 manu에서 유래함). 더디오가 로마서를 "기록한 사람"으로 나온다(16:22). 또한 바울은 다른 대필자들을 이용했는데, 편지의 마지막 부분을 직접 썼다는 내용을 통해서 그 사실을 드러낸다(참조. 고전 16:21; 갈 6:11; 골 4:18; 살후 3:17). 또한 베드로의 대필자로는 실루아노가 등장한다(벧전 5:12). 어쩌면 서기를 두는 관행이(참조. 렘 36:4) 바울이나 베드로의 이름으로 기록된 신약 서신들 사이에서 드러나는 문체나 표현의 차이를 설명해 줄 수 있을지도 모른다.

대형對型 antitype *모형론을 보라.

대회당 the Great Synagogue 유대교- *토라의 가르침을 전수했던 뛰어난 랍비들의 모임(히. הַכְּנֶסֶת하크네셋; 영. Knesset). 대회당은 미쉬나(아보트 1:1-2)와 탈무드에 등장한다. 전통에 의하면 대회당은 85명이나 120명의 남자로 구성되었으며, 기원전 6세기의 에스라 시대에 시작되어(참조. 느 8-9장), 기원전 200년경 의인 시몬Simon the Just 시대에 끝났다. 비평적인 학자들은 대회당이 실제로 존재했는지조차 의심한다. **참조.** *소페림.

덕 목록 Tugendkatalog 투겐트카탈로크, 미덕- *악덕과 (미)덕 목록을 보라.

데라쉬 derash 데라시 *랍비 유대교의 히브리 성경 강해exposition 설교를 가리키는 용어(이 히브리어 단어의 어근은 '찾아내다'를 의미하므로, 데라쉬는 '강해'를 뜻함). 랍비들은 도덕적이나 실제적인 적용을 위해 히브리 성경 본문을 문자적이지 않게 활용할 수 있는 규칙과 기법을 개발했다. 텍스트의 '평이한' 의미를 다루는 *페샤트 peshat와는 대조되는 용어다. **참조.** *미드라쉬.

데미우르고스 demiurge 물질 세계를 창조한 것으로 여겨지는 하급의 혹은 하등의 신. *필론Philo은 주로 창조에 대해 논의할 때 이 용어를 쓰는데, '공예가'(δημιουργός)에 불과한 존재와 창조자 하나님(κτίστης크티스테스)을 비교하기 위해서만 사용했다. *영지주의 gnostic에서는 하등하고 무지하며 물질 세계를 창조한 존재, 최고 신보다는 낮은 존재를 가리킨다(**참조.** *마르키온).

도기陶器 파편 ostraca 메모, 목록, 심지어 찬송이나 종교적 격언까지도 포함하는 글을 위해 재사용된 도기의 조각들을 일컫는 용어. 이 파편들은 고대 히브리어 *고문자학paleography, 문법, 구문론에 대한 이해를 넓혀 주며, 그것들이 사용된 시대의 사회에 대한 정보를 제공해 준다. 예를 들어 고대 히브리어로 쓰인 도기 파편의 일종인 라기스Lachish 서신은 학자들에게 기원전 586년에 네부카드네자르 2세Nebuchadnezzar, 느부갓네살에 의해 파괴되기 직전의 라기스의 상태와 당시 언어에 대한 단서를 제공한다.

도달점到達點 terminus ad quem테르미누스 아드 퀨 연대에 대해 논의할 때, 어떤 사건이 발생하거나 어떤 문서가 기술될 수 있었던 '가장 늦은' 시점을 가리키는 라틴어 용어(문자 자체는 '어떤 것으로의 경계'를 의미). 예를 들어 예수의 인생에 대한 *기발점起發點, terminus a quo과 도달점은 각각 기원전 5/4년과 기원후 33/34년이다.

도드, C. H. Dodd, Charles Harold (1884-1973) 영국의 신약학자. 도드는 종종 20세기 중반 영국 신약학계를 이끈 사람으로 불렸다. 그의 유산으로는 비유, 초기 기독교 설교, 요한복음에 대한 연구가 있다.

*The Interpretation of the Fourth Gospel*네 번째 복음서 해석(1953)은 그의 저서 중 가장 뛰어나다고 여겨진다. 하지만 예수의 언행에서 드러난 *실현된 종말론realized eschatology을 강조한 그의 태도는 신약 *종말론에서 볼 수 있는 미래의 영역을 설명하는 데 실패했다는 비판을 받아 왔다.

독자반응 비평 reader-response criticism 텍스트의 빈틈을 채우기 위해 저자에서 독자로 돌아서는 문학적 텍스트 접근법. 이 접근법이 더 극단적인 형태를 취할 때, '의미'는 텍스트의 구조나 단어들에서가 아니라 독자와 텍스트가 만나는 지점에서 발견된다. 따라서 이 접근법에 의하면, 독자는 읽는 행위를 통해 자신이 의도하는 바에 따라 읽은 것을 판단하기에, 대개 독자가 의미의 '창조자'가 된다. 예를 들어 한 독자는, 욥기 초반부에 사육용 동물이 욥의 농업 경제 활동에서 중요한 역할을 하지만 음식으로 사용했다는 명백한 진술이 없음을 보고, 이를 채식주의를 지지할 근거로 삼을 수 있다. 욥기 자체는 채식주의를 옹호하지 않지만, 이런 관심사를 가진 독자라면 이를 자기 입장의 근거로 삼을 수 있다. 즉 저자의 의도나 목적보다 독자의 흥미나 관심사가 해석의 중요한 지점이 된다. **참조.** *해체주의.

동해보복법同害報復法 lex talionis 탈리오법(칙) '보복법'을 의미하는 라틴어 용어. 이 용어는 개인의 지위나 재력 대신 행위의 '종류'를 바탕으로, '고정된 비율'로 적용되는 정의 원칙을 포함하는 구약의 법들에 적용된다("눈에는 눈, 이에는 이"). 이런 형태의 징벌이 가혹해 보일 수 있으나, 형벌이 개인의 지위에 따라 결정되지 않고 모든 사람에게 공평하게 적용된다는 점을 기억해야 한다(예. *함무라비 법전과 대조됨). 또한 더 강력한 보복을 할 수 없도록 징벌을 제한한다. 동해보복법은 또한 '법적 원칙'이지 대인 관계의 원칙은 아니었다.

두 가지 길 전통 two-ways tradition 두 갈래 길 전통 '두 가지 길' 혹은 '삶의 두 가지 방향'의 은유를 발전시킨 고대 및 기독교 윤리 가르침의 동기motif다. 인간은 덕스러운 삶을 살 수도 있고, 악덕한 삶을 살 수도 있다; 육체의 일을 나타낼 수도 있고 성령의 열매를 나타낼 수도 있다; 진리 안에서 살 수도 있고 사악함 속에서 살 수도 있으며,

빛 가운데 살 수도 있고 어둠 가운데 살 수도 있다. 이 동기는 구약과 *쿰란 문헌에서 분명히 드러나며, 특별히 신약의 *권면paraenetic 부분에서 명백히 나타난다(예. 갈 5:13-26; 엡 4:17-5:20; 약 4:1-10; 벧전 4:1-6; 벤후 2:1-2). *디다케Didache 역시 '생명의 길'과 '죽음의 길'에 대해 긴 지면을 할애했다(디다케 1.1-6.2). **참조.** *지혜 시편.

두자료설 Two-Source Hypothesis 마태와 누가가 두 개의 다른 자료(마가와 *Q)를 사용했다고 주장함으로써 *공관복음서 구성에 대해 설명하려는 이론. 이 이론은 마태가 대략 마가복음의 90퍼센트를 사용하고 누가가 대략 마가복음의 57퍼센트를 사용하며, 마태복음과 누가복음 사이에 겹치는 230여 절이 Q 자료에서 기인했을 수 있다는 점을 근거로 한다.

드라이버, S. R. Driver, Samuel Rolles (1846-1914) 영국의 히브리어 학자이자 구약학자. 드라이버는 독일의 비평 학문을 더 넓은 영어권 독자층에게 전해 주었다. 그는 온화한 성품, 명쾌한 논의, 성경에 대한 공경으로 존경을 얻었다. 그는 *Hebrew and English Lexicon of the Old Testament*구약 히브리어-영어 사전와 창세기, 신명기, 욥기 주석으로 가장 잘 알려져 있다. **참조.** *부록 BDB.

디다케 didache 초기 교회의 설교(그. κήρυγμα케뤼그마)와 구분되는 초기 교회의 가르침(그. διδαχή)이나 교육을 가리키는 용어.

디다케 the Didache, 그. Διδαχή 12교훈JSP 고대 시리아에서 85-150년경에 기록된 것으로 알려진 *익명(저자)의 교회 교육 설명서로 『열두 사도들의 가르침』(분도출판사, 1993)*The Teaching of the Twelve Apostles*으로도 알려졌다. 이 책은 초대 기독교 어록 및 예배, 세례, 성찬에 관한 예전 지침과 교회 리더십에 대한 글을 모은 독특한 문서다. 이 책은 세 부분으로 나뉘어 있다. "두 가지 길"(1.1-6.2), 교회 제도 설명(6.3-15.4), *묵시적apocalyptic 마무리(16.1-8).

디아스포라 Diaspora 이집트, 소아시아, 메소포타미아와 같이 이스라엘 땅이 아닌 곳에 사는 유대인을 의미하는 용어로, *바빌론 유배 때처럼 정복해 오는 나라에 의해 강제로 떠난 사람을 가리킨다(유대인들은 주로 '포로, 망명, 유배'를 뜻하는 용어 גלות갈룻을 사용함).

실제로 디아스포라 유대인 역사가 팔레스타인 유대 국가에서 거주한 유대인 역사보다 더 길다. 또한, 이스라엘의 이집트 노예기는 유대인 유배와 (하나님이 자신의 백성을 다시 모을 것이라는) 희망의 *파라다임이다(신 30:3-5).

디아테사론 Diatessaron 시리아 기독교 변증론자 타티아누스Tatian(약 120-173)가 170년경 사복음서를 바탕으로 하나의 그리스도 일대기를 정리한 것으로, 그런 류로는 가장 오래된 축에 속한다. 제목 '디아테사론'은 그리스어 διὰ τεσσάρων에서 파생되었으며 '넷(즉, 사복음서)을 통하여'를 의미한다. 디아테사론은 시리아 교회에서 수 세기 동안 널리 사용되었으나, 결국 사복음서를 쓰기로 결정되었다.

디아트리베 diatribe 대화 논법, 어록 청중을 가르치기 위해 작가나 화자가 상상 속의 인물(대화자interlocutor)과 논의하는 형식으로 짜인, 짧은 윤리적 담화, 수사적 질문과 대화, 논쟁적 연설을 특징으로 하는 고대의 수사 형태다. 본래는 스토아학파와 *견유학파 같은 철학학파들이 사용했으나, 이 수사 형태의 몇몇 특징은 신약에서도 나타난다(참조. 롬 6:1-4; 12-15장; 갈 5-6장; 엡 4-6장).

라쉬 Rashi (1040-1105) 라시 라쉬는 가장 유명한 중세 프랑스 유대인 성경 해석가다. 현명한 해설과 간결한 문체로 말미암아 기독교 주석가들 사이에서 명성을 얻었다. 그는 이후의 모든 성경 번역가에게 큰 영향을 미쳤다. 그의 *토라 주석은 히브리어로 인쇄된 최초의 문서다(1475). [רבי라비(랍비) שלמה יצחקי׳; 영어, Rabbi Solomon ben Isaac랍비 솔로몬 벤 이삭; 라쉬는 라비 슐로모의 히브리어 첫 자로 만든 이름.ⓔ]

라스 샴라 문서 Ras Shamra Texts *우가리트를 보라.

라이마루스, 헤르만 자무엘 Reimarus, Hermann Samuel (1694-1768) 독일의 계몽주의 학자. 라이마루스는 *슈바이처Albert Schweitzer로 하여

금 *역사적 예수 탐구를 시작하게 한 사람으로 알려졌다. 라이마루스는 영국의 이신론Deism을 받아들였고, 정통성과 기독교 신앙에 대한 신랄하고 합리주의적인 공격을 담은 작품을 많이 저술했다. 그의 저작물은 그의 사후 고트홀트 E. 레싱Gotthold E. Lessing이 모아서 *Wolfenbütteler Fragmente*볼펜뷔텔 단편들(*The Wolfenbüttel Fragments*)라는 제목으로 출판했다.

라이트모티프 Leitmotiv 씨줄JSP, 주요 주제SYK, 동기動機HJR, 주도동기主導動機 서사 또는 시, 계시에서 계속해서 나타나는 심상 또는 가치, 행동, 개체를 가리키는 독일어 용어(문자 그대로는 '이끌어 가는 동기/주제'를 의미함). 라이트모티프는 상징적일 수 있지만, 동시에 서사에 일관성을 제공하거나 이야기의 기본적인 주제를 유지해 줄 수 있다. 예를 들어 *족장 이야기에서 동생이 형을 대체하는 모티브나 아내를 누이인 것처럼 행동하는 모티브는 서사 기술에 녹아들어서 이야기가 의미하는 바를 더 깊게 한다. 동생이 형을 대체하는 경우, 장자권이 아닌 하나님의 약속과 목적이 누구를 통해서 하나님의 복이 나올 것인지 결정하는 요소임을 보여 준다. **참조.** *문학 비평; *라이트보르트.

라이트보르트 Leitwort 주제어HJR, 주도主導어 *페리코페나 상대적으로 긴 이야기, 혹은 시나 예언의 선포 내에 매우 자주 등장하는 단어를 일컫는다(독일어에서 온 이 단어는 문자 그대로 '이끄는 단어'leading word를 의미함). 단어의 반복과 각기 다르게 사용된 방식을 따라가다 보면 해석자는 텍스트의 의미를 파악할 수 있게 되고, 때로는 충격적인 결과를 마주하기도 한다. 구약의 경우 단어 자체뿐 아니라 어근과 그에서 나온 다양한 형태를 통해 의미의 미묘한 차이들을 표현할 수 있다. 예를 들어 홍수의 영향에 대해 이야기할 때, '살다'라는 어간이 다양한 형태로 반복되는데, 이는 생명의 파멸과 구원 혹은 회복을 모두 강조하고 있다(창 6:9-8:19). **참조.** *문학 비평; *라이트모티프.

라이트풋, J. B. Lightfoot, Joseph Barber (1828-1889) 19세기 영국의 신약학자. 라이트풋은 더럼의 주교였으며 성경이 쓰인 문화와 언어의 맥락에서 성경 본문을 이해하려는 해석학적 열정이 강했다. 그는 훌륭한 석학이었을 뿐 아니라, 평신도 사역이나 교회 내 여성의 지도자 지위와 같은 교회의 중요 문제를 위해 싸웠다. 그의 *St. Paul's Epistle to the Philippians*빌립보서 주석(1897)에 포함된 "기독교 사역"The Christian Ministry이라는 에세이는 그 주제에 대해 쓰인 글 중 시대를 초월하는 역작으로 남아 있다.

라틴 어법 Latinism 라틴어에서 파생된 단어나 문법적 구문. 라틴 어법은 신약에서 드러나는데, 특별히 복음서와 사도행전에서 많이 찾아볼 수 있다(그리스어 κεντυρίων켄투리온은 라틴어 *centurion*에서, 그리스어 πραιτώριον프라이토리온은 라틴어 *praetorium*에서 파생). 예를 들어 사전을 의미하는 *어휘사전*lexicon은 라틴어에서 '단어'를 의미하는 *lexis*에서 유래하듯이, 성경 해석 분야에서 라틴 어법은 흔하다.

랍비 유대교 rabbinic Judaism 초기 기독교 시대에 모여 수집되고 문서화된 *미쉬나, *탈무드, *미드라쉬 전통으로 대표되는 유대 현인들sages(랍비 = 선생)과 더불어 이 문헌들이 정의하는 신념과 관습을 뜻한다. 이 랍비들의 기원은 *소페림*sopherim*, 서기관이 등장한 (기원전 5세기) 페르시아 시대까지 거슬러 올라갈 수 있다. 그러나 1세기에 예루살렘이 파괴되고, 성전 예배와 제사장 및 정치적 계층이 없어져 유대교 내에서 극단적으로 새로운 방향 설정이 일어난 후에야 권위 있는 위치를 확보하게 된다.

레반트 Levant 동지중해 해안 지역(팔레스타인/이스라엘, 시리아, 레바논을 포함). 시리아 사막 주위에 위치한 레반트는 이집트와 메소포타미아 둘 모두가 통제해야 했던 중요한 지역이었는데, 바로 이 땅덩어리에서만 무역이 무리없이 진행될 수 있었기 때문이다. **참조.** *비옥한 초승달 지대.

로기온 logion 신약학에서 예수의 간결한 '어록'을 의미하는 전문 용어(복. *logia*). 이 용어는 대개 문서화된written *복음서보다 선행하는 *Q와 같은 가상의 문서들에 수집된 어록들을 가리킨다. *에우세비우스가 인용한 초대 교부 *파피아스Papias(약 70-160)에 의하면,

"마태는 히브리어로 로기아 *ta logia*를 작성했고, 모든 사람은 능력에 닿는 대로 그것을 번역했다"고 주장했다(*에우세비우스, *Hist. Eccl.*교회사 3.39.16).

로마 건국 원년 AUC, A. U. C. (문자 그대로 '도시 건설 이래'를 의미하는) 라틴어 *ab urbe condita*아브 우르베 콘디타 혹은 *anno urbis conditae*아노 우르비스 콘디타이의 약어로, 로마시를 건축한 해를 가리킨다. 스키타이 수도사 디오니시우스Dionysius는 로마시 건설을 기원전 754년으로 보고 기독교 시대의 시작을 계산했다. 하지만 로마시 건설은 사실 기원전 750년의 일이다. 그로 인하여 예수의 출생 시기가 대략 기원전주전 4-6년이라는 이상한 사실이 생기게 되었다.

로마의 평화 *pax Romana* 팍스 로마나 문자 그대로 '로마의 평화'Roman peace를 의미한다. 팍스 로마나는 카이사르 아우구스투스 Caesar Augustus와 2세기 중반 사이의 시대로, 로마 제국이 정치적으로 평화로웠던 상태를 가리킨다.

루터, 마르틴 Luther, Martin (1483-1546) 16세기 종교개혁가. 종교개혁을 시작한 것으로 알려진 루터는 비텐베르크 대학교에서 수년간 성경에 대해 강의했다. 그는 자신의 성경 연구 결과와, *아우구스티누스의 영향과, 동시대 신비주의자들의 저서들로 말미암아 결국 로마 가톨릭 교회로부터 스스로 분리하게 된다. 루터의 '개혁' 신학은 '오직 믿음'*sola fide*, '오직 은혜'*sola gratia*, '오직 성경'*sola Scriptura*을 중심으로 한다. 그가 성서학계에 가장 크게 기여한 바는 독일어 성경 번역에 있고(1534년에 완성됨), 그 외에 성서학 분야 저서로는 그의 시편, 로마서, 갈라디아서 강의가 있다. *Galatervorlesung*(1531) 갈라디아서 강의(1535, WA 40 I/II; *Luther's Works* Vols. 26-27 *Lectures on Galatians*, 1575; 『갈라디아서 강해 상, 하』, 루터신학대학교출판부, 2003; 『마르틴 루터, 갈라디아서』, 복있는사람, 2019; 후자는 축약 편집본으로 비평적 연구용으로는 적합치 않음ⓒ)는 특별히 신학적으로 탁월하다고 여겨진다.

르클레르, 장 Leclerc, Jean (1657-1736) 스위스 제네바 출신의 신학자이자 성서학자로, 칼빈주의를 공부했지만 아르미니우스주의자가 되었다. 그는 프랑스와 런던을 거쳐 암스테르담에서 교수로서 철학을 가르치면서 많은 성경 주석과 백과사전을 집필했다. 그는 *오경의 모세 저작설을 부인했기에, 일부 학자는(존 우드브리지John Woodbridge) 리샤르 시몽Richard Simon과 더불어 르클레르를 고등 비평의 탄생에 큰 영향을 미친 성서학자로 평가한다.●

마가의 비밀 복음서 Secret Gospel of Mark *외경 *복음서. 마가의 비밀 복음서는 마가복음에 이본이 합쳐진 것으로, 알렉산드리아의 *클레멘스가 쓴 것으로 알려진 편지에서 두 번 인용되어 그 존재가 알려졌다(모턴 스미스Morton Smith는 1958년에 팔레스타인의 수도원에서 이 클레멘스 서신의 사본을 읽었는데, 확인된 바로는 그는 오늘날 이 사본을 읽은 유일한 신약학자다). 대다수의 학자는 이 복음서가 어떤 난해한 의식을 지지하기 위해 저술되었으며, 보다 정확히 말해서, 모턴 스미스가 *정경 복음서인 마가복음을 흉내 내어 위조한 것으로 보는 견해가 우세하다.

마그니피카트 Magnificat 마니피캇, 마리아 송가, 마리아의 노래 마리아가 주께 부른 찬양의 노래. 이 용어는, 마리아가 그녀의 사촌 엘리사벳과 예수 잉태의 기쁨을 나누고 난 뒤에 부르는 노래의 앞부분인 "내 영혼이 주를 찬송합니다"를 뜻하는 라틴어 어구 *Magnificat anima mea Dominum*에서 파생되었다(눅 1:46). 학자들은 이 *찬송이 한나의 노래를 원형으로 한다는 점을 주목하며(삼상 2:1-10), 그 문체가 *칠십인경의 그것과 흡사하다고 한다. **참조**. *베네딕투스; *눙크 디미티스.

마라나타 maranatha 그리스어로 음역한 아람어 표현(*māranāʾtāʾ*)으로, "우리 주여 오시옵소서"(고전 16:22; 디다케 10.6)를 의미할 수도 있고 어쩌면 "우리 주가 오셨다"(*māran ʾatāʾ*)가 될 수도 있

● **참조**. Bowden, John. *Who's Who in Theology*. SCM. 1990.

다. 이 용어를 사용했던 초기 기독교 맥락으로는 아마 주의 임재를 불렀던 *성찬이 있을 것이다. 요한은 이 용어를 요한계시록의 마지막 부분에 그리스어로 탄원하며 *종말론적으로 사용했다: "주 예수여 오시옵소서"(ἔρχου Κύριε Ἰησοῦ에르쿠 퀴리에 예수, 22:20).

마르키온 Marcion (약 100-165) 초기 기독교 이단. 마르키온은 본래 시노페Sinope의 초기 교회 지도자였으나, 구약을 부인하고, 하나님에 대한 비정통적인 견해 그리고 구약과 신약 사이의 모순을 주장함으로 말미암아 144년경 교회에서 추방당했다. 마르키온은 자신이 편집한 성경 서문에 '대립되는 것'Antitheses 목록을 추가했는데, 여기서 율법과 *복음의 양립 불가함과 구약과 신약에 나타나는 하나님의 본성의 차이점을 제시했다. 그가 나열한 열 편의 바울 서신 목록은 현재 알려진 목록 중 가장 오래된 것이다(이 목록에서 그는 에베소서를 '라오디케이아라오디게아Laodiceans 서신'이라고 부른다).

마샬 mashal 대개 '잠언'으로 번역하는 히브리어 용어지만, 조소에서부터 *비유까지 다양한 문학적 형태를 포괄한다. 하박국 2:6은 다양한 용례의 예시다. "그 무리가 다 속담으로 그를 평론하며 (מָשָׁל) 조롱하는 시로 그를 풍자하지 않겠느냐." **참조.** *잠언.

마소라 Masorah 전통적인 히브리 성경(구약) 본문과 함께 전해 내려온 여백margin에 기록된 것을 가리킨다. 히브리어 용어 מְּסוֹרָה는 '전통'을 의미하기에, 이 용어는 텍스트본문 전수를 관리하는 규칙에도 적용될 수 있다. **참조.** *마소라 학자들; *수용 본문.

마소라 학자들 Masoretes 전통적인 *히브리 성경(구약) 본문을 보존한 필사자와 학자들을 가리킨다(히브리어로 이 단어는 '전통주의자'를 의미). 이 학자들은 자음 본문 전수, 유성음화vocalization와 강세accents 편집, 독자의 이해를 도우면서도 본문의 원 상태를 지켜 줄 기타 본문 해설 등을 담당했다. 마소라 학자들의 작업이 어느 시기에 이루어졌는지를 정확히 추측하는 것은 어렵지만, 아마도 빠르면 7세기경 시작했을 것이다. 가장 유명한 마소라 학자들로는 벤 아셰르Ben Asher 집안이 있는데, 이들은 학자들에게 가장 오래된 것으로 알려진 *코덱스인 895년에 작성된 카이로 코덱스에 있는 *예언서의 마소라 작업을 했다. 이렇게 전승되어 온 본문을 마소라 본문Masoretic Text이라고 부르며 흔히 MT로 줄여서 표기한다. **참조.** *마소라; *수용 본문.

마카베오, 마카베오 반란 Maccabees, Maccabean revolt 마카비, 마카바이오스, -혁명 셀레우코스 왕조Seleucids에 대항한 유대인 반란의 지도자와 그의 이름을 딴 반란(혁명)이다. 기원전 167년, 유다 마카베오의 아버지인 맛다디아(아람어. '망치')가 안티오코스 4세 에피파네스에 대항하는 반란을 주도했다. 안티오코스는 성전에서 이방 신에게 제사를 드림으로써 성전을 더럽혔고,(*멸망의 가증한 것), 여러 유대 법들에 대한 금지령을 내렸다(안식일 준수와 할례). 유다는 아버지의 뒤를 이었으나 반란 중에 일찍 죽었다. 기원전 165년이 되었을 때 유대인들은 성전을 되찾았고, 8일 동안의 축제를 통해 성전을 다시 봉헌했다(이는 현대 유대인의 하누카, 수전절이 되었다). 종교적 자유를 되찾으려는 반란으로 시작되었던 것이 국가의 독립을 위한 싸움이 되었고, 이는 결국 유다의 형제 시몬의 아들인 요한 히르카누스의 지휘하에 기원전 135년에 이루어졌다. 마카베오 왕조는 또한 *하스몬 왕조로 알려져 있다(이 이름은 마카베오기의 조상에서 왔음).

메길롯 Megilloth *히브리 성경(구약)의 "축제 책"The Festival Books이다(룻기, 아가, 전도서, 예레미야애가, 에스더). **참조.** *타나크.

메르넵타 석비(문) Merneptah Stela 이집트 파라오 메르넵타(혹은 메렌프타Merenptah, 기원전 약 1213-1203)가 '바다 사람'Sea People과 싸워 이긴 승리를 기념하는 *석비stela 혹은 비문다. 이 석비는 테베에 있는 파라오 신전에 기원전 1209년에 세워졌으며 이스라엘에 대한 가장 이른 성경 외적 기록이다. "이스라엘은 황폐하고 그 후손은 없다." 메르넵타 석비는 출애굽과 정복의 시기를 결정하는 데 중요한 요소이나, 상대적으로 석비가 세워진 시기에 '이스라엘'이 가나안 땅에 있었다는 것만 알 수 있다. 역사가들에게 지속적인 문제로 남아 있는 이스라엘이 언제 이집트를 떠났는지 혹은 어느 길을 선택했는지에 대해서는 도움을 주지 못한다.

메르카바 신비주의 merkabah mysticism 에스겔 1장과 이사야 6장에 등장하는 '보좌-전차'throne-chariot, 즉 신의 전차를 중심으로 하는 유대교 신비주의의 한 종류('전차'를 의미하는 히브리어 용어 מֶרְכָּבָה에서 파생). 에스겔과 이사야가 본 환상과 창세기의 창조 기사가 합쳐져 하늘로 올라가는 것과 보좌-전차에 앉아 있는 하나님의 이미지를 상상하는 초기 유대교 이론의 밑바탕이 된다. 유대교 전통에서 신비주의자가 하나님과 '하나'가 된다는 내용을 찾을 수는 없지만, 그러한 신비주의 추종자가 신적 신비들을 이해하는 과정에서 황홀한 변화를 경험할 수 있다고는 한다. 혹자는 바울이 '셋째 하늘'에 이끌려 갔다고 말하는 부분이 메르카바 신비주의의 영향에서 비롯되었다고 본다(참조. 고후 12:2-4). 이 용어는 종종 천상의 영역에 대하여 신비스러운 여러 추측이나 상상을 하는 것까지도 포함할 수 있다.

메사 석비(문) Mesha Stela -비문, 모압 비문 모압 왕 메사가 이스라엘 왕 오므리를 상대로 벌인 전투를 기념하기 위해 만든 기념물(참조. 왕하 2:3). 이 *석비stela 혹은 비문는 1868년에 발견되었으며 제작 시기는 기원전 835년경으로 추정한다. 그 내용은 당시의 성경 히브리어와 거의 동일한 언어인 모압어로 되어 있다. 메사 석비문은 학자들에게 성경에 없는 이스라엘의 언어와 역사에 대한 정보를 제공해 주며, 이스라엘의 하나님인 *야훼를 언급한다.

메소포타미아 Mesopotamia 서쪽으로는 유프라테스강을 두고 동쪽으로는 티그리스강을 둔 '강 사이에' 있는 지역이다. 역사적으로 이 지역은 북쪽의 아시리아 제국과 남쪽의 바빌로니아 제국으로 나뉘었으나, 문화적으로 거주민들은 유사한 언어, 이야기, 법, 신들의 신전들을 공유했다. 이 지역에서는 여러 강에서 생긴 퇴적으로 말미암아 비옥한 땅이 생겼는데, 이는 농업의 발전을 초래했고, 운하 체계를 만드는 데 필요한 기본적인 사회 조직을 생성시켰다. 운하가 개발되자, 정착해서 할 수 있는 일들이 번성할 수 있었다. 이 시점에서 기록된 역사도 등장했다. **참조.** *아카드어; *비옥한 초승달 지대.

메시아 비밀 Messianic Secret *브레데W. Wrede가 *Das Messiasgeheimnis in den Evangelien*복음서에 나타난 메시아 비밀(1901; *The Messianic Secret in the Gospels*, 1971; 『윌리엄 브레데의 메시야의 비밀』, 한들, 2018)을 출간하여 만들어 낸 신조어. 브레데에

의하면 마가의 '침묵 주제'theme of silence는 초대 교회가 가졌던 다음의 신학적 딜레마를 풀기 위해 만들어진 신학이었다: 만약 교회가 후에 승인한 대로 예수가 처음부터 메시아였다면, 왜 예수의 사역 기간 내내 제자들과 지지자들이 인지하지 못했을까? 브레데는 이 주장을 통해 마가의 *복음서가 역사적으로 가장 신빙성 있으며, 믿을 수 있는 '예수의 삶'을 재구성하는 데 신뢰할 수 있다는 주장을 약화시켰다. 이와는 별개로 이 용어는 마가가 실제로 자신의 정체성을 숨기려는 계획을 가졌던 예수를 충실히 전달했다는 의미로도 사용되기도 한다.

메신저 형식(구) messenger formula 공식어구, 정형어구, 전령 양식(구)ʰʲʳ, 말씀전달어구ᴷᴶᴷ, 전달자/사자 공식(구), 신탁 양식(구) 예언 계시prophetic oracles를 시작하기 위해 예언 발화prophetic speech에서 반복적으로 나타나는 어구 "여호와께서 이와 같이 말씀하시되"(כֹּה אָמַר יְהוָה코 아마르 야웨)에 *양식 비평가들이 붙인 이름. "이와 같이 말씀하시되"의 단어들은 고대 서아시아근동에서 사자들이 일반적으로 구두로 소통할 때 사용했으며, 예언자들이 이를 차용하여 메시지의 권위와 신적 기원을 드러내는 데 사용했다. 예를 들어 아모스가 *열방을 향한 신탁을 시작할 때마다 이 형식구를 사용했다(1:3, 6, 9, 11, 13; 2:1, 4, 6; 참조. 나 1:12; 학 1:2).

멸망의 가증한 것 abomination of desolation 멸망하게 하는 가증한 것, 멸망케 하는 혐오스러운 것 이 문구는 다니엘서에서 예언자가 성전이 미래에 가증하고 혐오스러운 일에 쓰일 것이라고 언급하는 데서 나왔다(참조. 단 11:31; 12:11). 몇몇 학자는 이 어구가 기원전 167년에 안티오코스 4세 에피파네스가 돼지를 제단에 바쳐서 성전을 더럽힌 사건을 가리킨다고 본다(마카베오1서 1:54). 또 몇몇 학자는 70년의 성전 파괴를 가리킨다고 주장한다(참조. 마 24:15-16; 막 13:14). 또 어떤 학자들은 이 "멸망"이 아직 성취되지 않았으나 데살로니가후서 2:3-4에 예견된 것으로, 앞으로 닥칠 반란 중 "불법의 사람"이 성전에서 하나님의 자리를 빼앗는 사건—종말의 시작을 알리는 결정적 신성 모독—을 가리킨다고 본다.

모빙켈, 지그문트 Mowinckel, Sigmund (1884-1965) 노르웨이의 구약학자. 모빙켈은 헤르만 *궁켈Herman Gunkel의 *양식 비평 방법론을 적용하고 확장한 것으로 가장 잘 알려졌다. 모빙켈은 그의 영향력 있는 책 *The Psalms in Israel's Worship*이스라엘 예배 속 시편들에서 시편의 문학 양식을 더 정교하게 분류했으며, *야훼의 왕권에 대해 이야기하는 시편들이, 고대 이스라엘의 *제의cult 중 하나인 매년 열리는 *즉위 축제enthronement festivals의 일부였다는 가설을 발표했다. 모빙켈(과 궁켈)의 업적으로 말미암아 시편의 현대 비평 연구는 여전히 성경 속 시편 설명(혹은 표제superscription)에서 찾을 수 있는 역사적 사건보다는 그 문학적 양식이나(*탄원; *찬송), 이스라엘의 제의를 근거로 한다.

모압 석비 Moabite Stone *메사 석비를 보라.

모형론 typology 예형론例形論, 예표론, 유형론 한 성경 시대에 속하는 사람, 사건, 물건, 관습을 다른 시대에 속한 것과 비교하고 연결하는 행위를 가리키며, 특히 구약과 신약 사이를 비교하는 경우가 많다. 이 용어는 '인상, 표시, 심상'을 의미하는 그리스어 단어 τύπος튀포스에서 파생되었으며, 은유적으로 확대하면 예시나 원형을 의미할 수도 있다. 성경 저자들은 하나님의 계획이 갖는 연속성, '카펫(에 사용된 반복적인) 무늬'와 같은 구원 역사를 보여 주기 위해 모형론을 사용했다. 모형론적 해석이란 성경 본문에서 이런 유형을 찾는 작업이고, *풍유적 해석처럼 과하게 적용되는 경우가 있다. 초기의initial 사람, 사건, 물건, 관습은 '모형'type이며, 이에 상응하는 이후의 사람, 사건, 물건, 관습은 '대형'對型, antitype이다. 예를 들어 바울은 로마서 5:12-21에서 그리스도를 아담의 대형으로 묘사한다: "아담은 오실 자의 '모형'이라"(롬 5:14). 모형론은 *상호본문성intertextuality과 자연스럽게 겹치는 부분이 있지만, 이 둘은 구분되어야 한다. 모형은 본질적으로는 연대순이 아니며, 절대로 인과 관계에 있거나 반대되지 않는다. 대신 모형론은 모든 사건과 사람이 계획의 부분을 이루고 그를 반영하는 신적 계획의 일치를 전제로 한다. 그러므로 모형론의 '수평적' 요소는(역사적 차원과 함께), 사건의 사실들이 신적 존재라는 더 큰 구조 속에서 이해되는 '수직적' 요소만큼은 중요하지 않다. 게다가 기독교의 모형론적 해석은 예수 그리스도의 인격과 사역에서 완성된다. 따라서 기독교 모형론은 단순히 대응하는 것들이 아닌, 예수 그리스도의 삶, 죽음, 부활 안에서 완성된 대응점들이 해석의 중심이 된다. 구약에 등장하는 모든 인물과 관습을 예수 그리스도와 인위적으로 대응시키는 대신(그로 말미암아 모든 사람과 관습을 실질적으로 그림자에 불과하게 만드는 대신), 진정한 신학적 모형론은 사건과 사람들이 예수 안에서 변화되고 완성된다고 본다. 그러므로 창세기 22장에서 아브라함의 '사랑하는 아들' 이삭의 희생은, 신약에서 하나님이 모두를 위해 희생하는 자신의 사랑하는 아들, 그리스도의 모형이 된다. 한 사건에서 이루어진 하나님의 구원 행위는 다음의 사건에서 완성된다. 두 사건 모두 실재하고 실제적이지만, 동시에 연대순 혹은 인과 관계에 불과한 대응을 초월하여 창조 속에서 일어나는 지속적인 하나님의 구원 행위를 상징한다.

목회 서신 Pastoral Epistles 디모데전서, 디모데후서, 디도서를 통칭하는 용어. 18세기 이래로 이 서신들은 '목회 서신(혹은 편지)'으로 불리는데, 이는 (바울이 세운 교회의 지도자들이며, 리더십, 교회 질서, 잘못된 가르침, 신자의 도덕적 처신 등과 같은 주제를 다뤘던) 디모데와 디도에게 전한 충고가 '목회적' 성질을 띠기 때문이다.

무라토리 정경 Muratorian Canon 무라토리 단편이라고도 불리며, 오늘날의 신약 성경 22권의 목록이 기록된 *코덱스로 현재까지 발견된 것 중 가장 오래된 기록임. 1740년에 코덱스를 발견한 무라토리 Lodovico Antonio Muratori의 이름을 땄다. 이 목록이 200년이나 400년 중 어느 때로 거슬러 올라가는지에 대해서는 학자들 사이에서 일치된 의견이 없다.

무형상적인^{MSK} aniconic 반-형상적인 '형상이 없는 상태'를 의미하는 용어. 하나님을 어떤 형상으로도 표현하면 안 된다는 이스라엘 전통을 설명할 때 사용한다(참조. 출 20:4).

묵시 apocalypse 계시, 종말 단어 자체는 '베일 벗기기'나 '드러내기'를 의미한다. 이 용어는 성경의 마지막 책을 여는 문장에 등장한다.

"예수 그리스도의 계시라(ἀποκάλυψις아포칼립시스)"(계 1:1). 해석가들은 또한 다니엘서의 '계시' 또는 환상에 해당하는 부분, 이사야 24-27장, 마가복음 13장, 그리고 외경과 위경에서 나타나는 그와 비슷한 부분들을 묘사하기 위해 이 용어를 썼다. **참조.** *묵시 문학; *묵시(사상).

묵시 (문학) apocalyptic 묵시적 세계관ᴹˢᴷ 하늘 나라나 하나님 나라(그리고 종말)에 대한 '비밀들'이 드러나는 *문학 장르나 세계관을 가리키는 용어. 이 비밀들은 주로 꿈이나 환상을 통하여, 혹은 천사와 같은 타계에서 온 전달자에 의해 전달되며, 생생한 상징과 은유로 표현된다. 묵시 문학은 그리스-로마 시대(약 기원전 200-기원후 200)에 전성기를 누렸으며, 성경에만 한정된 것이 아니라 더 넓은 지중해 문화의 한 부분이었다. 대개 묵시 문학은 독자로 하여금 신실함을 유지하며 버텨 내라고 **경고**한다. 독자 공동체는 그들이 고난의 시간을 겪을 것이라고 경고받지만, 그 뒤에 의로운 사람들이 구원을 받고, 악한 사람들이 형벌을 받을 것이라는 사실 또한 알게 된다. **참조.** *묵시; *묵시(사상).

묵시(사상) apocalypticism 묵시론 묵시apocalyptic 세계관을 받아들인 사람이 모인 사회나 특별히 그 사람들이 가진 이데올로기나 신념을 설명하는 용어. 묵시 사상의 기원이나 그에 영향을 미친 존재들은 여전히 논의 주제로 남아 있으며, 그 범위는 예언부터 *점술 지혜, *신화까지 이른다. (미 4:1-4처럼 인간사에서 미래 사건들이 펼쳐지는 예언 종말론과는 반대로) 유대교 전통 속 묵시(적) *종말론은 하나님이나 그의 대리인이 외부에서 일반적인 인간사 안으로 '부수고 들어오는 행위'를 강조하며, 대개 현세 질서의 종말과 신실함을 잃지 않은 사람들의 부활을 포함한다. 묵시사상은 하나님이 역사를 통치한다는 증언으로, 신실한 이들이 투쟁이나 박해의 때에 좌절하거나 수동적으로 묵인하는 대신 행동할 수 있는 발판이 된다. **참조.** *묵시; *묵시 문학.

문서설 Documentary Hypothesis 오경-, 오경 자료설, 문헌설 *오경의 기원과 구성에 대한 이론. 이 가설은 텍스트를 연구하는 새로운 방법들을 통해 18세기에 나타났다(**참조.** *자료 비평). 문서설에 의하면 오경은 모세의 저작이 아니며 대신 수 세기에 걸쳐 현재의 텍스트에 이르기까지 여러 자료들이 합쳐지는composite 과정을 거쳤다. 모세 저작설에 대한 문제 제기는 새로운 일이 아닌 것이 중세에도 모세가 오경의 유일한 저자라는 견해에 이의를 제기한 위대한 유대인 주석가 *이븐 에즈라Ibn Ezra 같은 사람이 있었다. 18세기에는 (실증적 방식으로 지식을 평가하고 지배하는) 새로운 방법론이 단독 저자 가설을 지속적으로 비평하는 데 필요한 분석 도구를 제공했다. 19세기에 와서야 율리우스 *벨하우젠Julius Wellhausen이 그라프K. H. Graf의 연구를 발판으로 문학적 분석뿐 아니라 역사적 체계로 자료들을 설명하는 *종교사Religionsgeschichtliche 방법론까지 한데 모으게 되었다. 역사 재구성의 핵심 요소는, 예언자들이 일신론의 종교 혁신자이며, 이들 예언자(와 그들의 윤리적 요구)에 이어서 제사장들(과 그들의 *제의 의식에 대한 설명)이 등장했다는 기본 전제 아래 있다. 벨하우젠은 역사적 순서에 따라 네 자료를 식별했다. *야휘스트 Iahwist, I, *엘로히스트Elohist, E, *신명기 사가史家, Deuteronomist, D, *제사장 문서Priestly, P. 이 자료들은 일반적으로 JEDP라 불린다. 최근 많은 학자가 오경의 이야기 속에서 통일된 구성과 주제들을 찾아내면서, 문서설의 우위가 조금씩 사라져 가고 있다. 여전히 대다수의 학자가 문서설에서 논의를 시작하지만, 진정한 관심은 히브리 서사의 성질, 그리고 단어들과 주제들이 어떻게 이야기와 사건들과 연결되는가로 옮겨져 왔다. **참조.** *문학 비평.

문학 비평 literary criticism 성경의 문학적 특성을 인식하여 그에 맞게 해석하려는 텍스트 접근법. 문학 비평가는 [시편이든, 여러 장에 걸쳐 이야기가 진행되든(야곱이나 요셉 이야기), 또는 이야기가 책 한 권 전체라도 상관없이(욥기)] 한 문학 작품의 '전체'를 해석하려 한다. 이 접근법의 목표는 부분 자체를 독립적으로 여기지 않고 전체를 염두에 두고 부분을 보는 것이다. 문학 비평을 하는 사람들 중 수많은 이들은 문학 작품이 그 자체로만 해석되어야 하기에 어떠한 역사적 재구성도 필요 없다고 말하기까지 한다. 이는 작품 자체가 그것을 해석하는 데 필요한 대부분의 (혹은 모든) 정보를 포함하기 때문이다. 예를 들어 호세아가 고멜과 결혼한 이야기는 하나님과 하나님의 백성의 관계를 설명하기 위한 *비유이지, 하나님이 호세아에게 매춘부와 결혼하라고 부탁하는 '불편한 상황'을 설명하는 일에 내재된 문제를 포함하여, '역사적'으로 일어난 결혼으로 볼 필요가 없다는 얘기다. 또한 문학 비평에서는 줄거리, 인물 묘사, 주제에 대한 관심이 높고, 원저자나 저술 시기에 대한 질문은 던지지 않는다. 문학 비평의 일부 양식이 갖는 위험성은 이러한 이야기들이 갖는 역사적 배경을 간과하는 데 있다. 이러한 이야기들은 하나님이 이 사건들 가운데 행동하고 살아 있다는 것을 증언하는 것이지, 단순히 운명에 따라 행동하는 줄거리와 등장인물로 끝나는 것이 아니라는 것이다. 여전히 널리 사용되는 좀더 오래된 문학적 접근법은 현재의 작품의 문학적 구성이 어떻게 이루어졌고 어떤 자료들이 현재의 작품의 깔려 있는지를 보여 주려 한다. **참조.** *역사 비평; *자료 비평.

미드라쉬 midrash 미드라시 유대교 성경 주석의 특정한 양식 혹은 이 특정한 양식을 갖는 장르. 미드라쉬(복. 미드라쉼midrashim)라는 용어는 히브리어 동사(ש׳ר׳ד다라쉬, '찾다, 연구하다, 조사하다')의 한 형태다. 이 용어에는 지나치게 많은 의미가 있다. 가장 단순하게 설명하면 미드라쉬는 *설교적homiletical 해석을 이용한 고대 유대교 성경 주석으로서, 진술보다는 이야기나 비유를 더 많이 담고 있다. 미드라쉬는 유대교 내에서 권위적 위치를 차지하는 (선집 성격anthological을 띠며 설교적인) 텍스트 해석 방법론이라 할 수 있다. 예를 들어 미드라쉬적 해설을 포함하는 *타르굼, *탈무드 및 다른 성경 해석 모음집은 유대교 내에서 권위적인 텍스트가 될 수 있다(예. *피르케 아보트 Pirqe Aboth). 성경에서도 미드라쉬의 요소를 찾아볼 수 있다. 역대기 사가는 여호수아-열왕기에서 취한 이야기들을 이용하여 확실히 '설교스러운' 문체로 재작업했고(**참조.** *성경 내적 주석), 마태는 다양한 예언을 편집하여 '모세, 다윗 및 예언자들'이 얘기한 메시아가 예수임을 보여 주었다.

미메시스 mimesis 문학 텍스트에서 현실에 대한 해석을 의미한다

('모방'을 의미하는 그리스어 μίμησις미메시스에서 파생). 미메시스는 어떤 사건이 연관된 특정한 양식과 관련이 있다. 예를 들어 고전 시대에서 장엄한 양식은 오로지 장엄한 이야기를 다룰 때만 사용되었다(예. 비극 장르는 일정한 양식에 맞게 쓰였다). 반대로 근대 사실주의modern realism에서는 가변적인 근대적 삶의 면모들을 묘사하기 위한 다양한 형태가 개발되었다. 성경 또한 대개 여러 방식으로 일상생활을 묘사하지만, 근대 사실주의와는 반대로, 성경은 '예표'figura 혹은 *모형을 사용하는데, 이를 통하여 하나님의 계획 안에서 다른 시간에 속한 사건과 사람들이 (그리고 심지어 시간을 초월하여 천국에 속한 사건이나 사람들까지도) 서로 엮인다. 그러므로 미메시스는 저자가 텍스트에서 사건을 어떻게 나타내는지를 의미한다.

미쉬나 Mishnah 미슈나 성경에 등장하는 법들에 대한 랍비의 논의나 해석을 바탕으로 만들어진 유대교 법 전집. 히브리어 단어 *mišnâ*는 '연구' 혹은 '반복'을 의미한다. 2세기 말에 문서화되기 전에 이 자료는 *구두 형태oral form로만 존재했다. 미쉬나에서 랍비들은, 특히 성전이 사라지고, 그에 따라 제사가 불가능한 새로운 상황에서 성경의 율법을 적용하려고 시도했다. 미쉬나는 *탈무드에 소중하게 간직된 또 다른 랍비 전통의 핵심이다. [미쉬나는 질서를 뜻하는 6개의 세데르סדר, seder(복. 세다림סדרים, sedarim)로 구성되어 있고, 이 각각의 세데르는 7-12개의 마세켓מסכת(tractate, 분책, 소책자; masekhet은 날실과 씨실을 뜻함)으로 이루어졌다. 이 각각의 마세켓은 다시 페렉פרק, 章, chapter, pereq으로 나뉜다.ⓒ]

미트라 Mithra 고대 페르시아의 신. (로마에서는 태양신이었던) 미트라를 섬기는 미트라교는 1세기 로마 제국 전역에서 빠른 속도로 퍼졌는데, 아마도 많은 로마 군인들이 그 신앙을 지닌 것이 가장 큰 원인일 것이다.

민족들의 계보 Table of Nations 창세기 10장에 등장하는 여러 나라(민족)의 목록을 가리키며, 다르게 '노아의 아들들의 족보'라고 표현할 수도 있다. 이 나라들은 "생육하고 번성하여 땅에 충만하라"(창 9:1)는 여호와의 축복을 성취하는 노아의 자손으로 묘사된다.

민족들의 계보는, 여러 세대에 걸쳐 누가 누구의 아들인지 보여 주는 수직적 족보 대신(주로 하나님의 약속과 연관됨; 예. 아브라함, 이삭, 야곱), 자손들이 가지를 뻗듯이 퍼져 나가는 수평적 족보 기록의 형태를 띤다. 민족들의 계보는 또한 지중해 세계와 온 세계 전역에 있는 다양한 민족을 설명해 준다(그런 의미에서 이 개념은 *유래설화의 성질을 갖고 있다고 할 수 있다).

바르 코크바 Bar Kokhba, בר כוכבא 132년부터 135년까지 이어진, 유대인의 두 번째 로마 저항 운동을 이끈 열심당원 유대인. 어떤 학자들은 '별의 아들'을 뜻하는 가명 바르 코크바(아람어 이름; 영어로는 Bar Cochba로 표기할 수 있다)가 "한 별이 야곱에게서 나오며 한 규가 이스라엘에게서 일어나서"(민 24:17)에서 파생된 메시아 칭호라고 주장한다. *랍비 문헌에서는 실패한 메시아 야망을 깔보기 위한 말장난으로 그를 바르 코지바Bar Koziba, 곧 "거짓의 아들"로 묘사하기도 한다.

바르트, 칼 Barth, Karl (1886-1968) 신정통주의neo-orthodoxy를 창시한 스위스 신학자. 어쩌면 20세기 가장 영향력 있는 신학자일지도 모를 바르트는 하나님의 초월성을 강조하면서도 하나님이 예수 그리스도 안에서 자신을 드러낸다고 했다. 그는 동시대 자유주의 학자들 밑에서 배웠지만, 제1차 세계대전 이후 목사로 사역하던 중 저술한 유명한 로마서 주석(*Der Römerbrief*, 1919, 1922; *The Epistle to the Romans*, 1933;『로마서』, 복있는사람, 2017)에서 자유주의를 버리고, 예언자들과 사도들이 증언한 것처럼 실재하는 하나님의 주권을 회복하려 애썼다. 바르트의 방대한 교회 교의학(*Kirchliche Dogmatik*, 1932-1967; *Church Dogmatics*, 1936-1969;『교회교의학』, 대한기독교서회, 2003-2017)에는 그의 상세하고 교육적인 성경 *주석의 예시가 많이 담겨 있다.

바빌론 유배流配 Babylonian exile -유수幽囚, -포로기 첫 번째 성전이 파괴되고(기원전 587) 시드기야왕을 포함한 이스라엘 민족이 바빌론으로 추방당했던 때로부터, 키루스 2세(혹은 키루스 대제, 성경에는 고레스왕)가 유대인들에게 이스라엘 땅으로 돌아가 성전을 재건축하라는 칙령을 내린 기원전 538년까지의 시기를 가리킨다(참조. 대하 36:22-23). 북왕국(이스라엘)은 이미 기원전 721년에 아시리아에 의해 정복, 추방당했다. 호세아와 아모스를 중심으로 예언자들은 북왕국이 우상 숭배로 말미암아 멸망할 것이라고 선언했다. 호세아 및 아모스와 동시대를 살았던 미가와 이사야는 남왕국인 유다 왕국 역시 같은 방식을 고수하면 동일한 운명을 맞을 것이라고 예언했다. 바빌론 유배는 성경 내 신학 형성에 결정적인 영향을 미쳤다. 땅, 성전, 왕정과 같은 국가를 상징하는 것들을 잃은 유다 왕국이 하나님의 백성이라는 정체성에 의문을 제기했기 때문이다. 유다 왕국은 우상 숭배에 대한 예언자들의 비난을 받아들이고 믿음 안에서 *언약으로 '돌아감'으로써 위기에 대응했다. 유배는(그들의 죄로 인한, 애 1:5) 형벌이면서 동시에(하나님이 자신의 백성을 버리지 않겠다는, 애 3:21-24) 약속이었다. 많은 유대인은 이스라엘 땅으로 돌아가지 않고 새로운 지역에 머물렀다. **참조.** *디아스포라.

바우어, 페르디난트 크리스티안 Baur, Ferdinand Christian (1792-1860) 1826년부터 1860년까지 독일 튀빙겐 대학교에서 교회사와 교의학을 가르친 교수. 바우어는 당시로서는 급진적인 역사 비평 방법론을 발전시켜 성경에 대입했고, 그로 말미암아 특히 기독교의 기원에 대한 초자연적인 기록, 정경의 통일성, 대다수 신약 서신의 사도 저작설에 의혹을 제기했다. 그는 G. W. F. 헤겔의 (정반합) 철학을 초대 교회사에 적용했는데, 그 결과 베드로가 이끄는 유대계 기독교(정thesis)와 바울이 이끄는 이방인 기독교(반antithesis) 사이의 대립이 2세기 초대 보편 교회의 조화(합synthesis)를 이끌어 냈다고 주장했다. **참조.** *튀빙겐학파.

바울 이전 전승(구) pre-Pauline formulas 바울 서신 전반에서 드러나긴 하지만 초대 교회로부터 물려받은(유전) 표현, 어구, 고백, *신조, *찬송시 등을 가리킨다. 바울 자신도 그가 전승 모음을 받았고 (παραλαμβάνω파라람바노), 또 그것을 직접 또는 편지로 전달했다고(παραδίδωμι파라디도미) 썼다(예. 롬 1:3-5; 4:24-25; 10:9-8; 빌 2:5-11; 딤전 3:16). **참조.** *유전.

바울학파 Pauline school 바울주의자 바울을 지지하는 사람 및 그와 관련된 사람을 일컫는 가설의 집단. *제2바울계deutero-Pauline 가설을 지지하는 사람들은, 바울의 생애 동안 (혹은 심지어 그가 죽은 이후에도) 그와 가장 가까이 일했던 사람들(예. 누가, 디모데, 두기고, 오네시모)이 어떤 형태의 신학 학파를 세워 바울의 신학과 유산에 대해 자세히 논의했다고 주장한다. 대개 가장 유력한 장소로 에페소스에베소를 꼽는데, 이는 바울이 그곳에서 3년간 가르쳤고(행 19:8-10; 20:31), 디모데전후서가 쓰였을 때 디모데가 그곳에서 사역했기 때문이다.

바울 호몰로구메나 Pauline homologoumena 교회의 첫 몇 세기부터 일률적으로 정경의 한 부분으로 인정된 바울의 서신들. 호몰로구메나는 '고백하다, 인정하다'를 의미하는 그리스어 단어 ὁμολογέω 호몰로게오의 한 형태다. *에우세비우스는 자신의 시대에 교회가 성경으로 인정한 모든 신약 성경을 묘사하는 단어로 *호몰로구메나를 사용했다. 이 용어는 신약 *정경에 대한 논의에서 종종 등장한다. **참조.** *안티레고메나.

바울에 관한 급진적인 새 관점 Radical New Perspective on Paul, RNPP *바울에 관한 새 관점을 보라.

바울에 관한 새 관점 New Perspective on Paul, NPP 바울을 바라보는 새 관점 바울의 구원론에 대한 전통적인 관점, 특별히 개신교 종교개혁자들이 전개했던 관점으로부터 벗어나려는 학술적 움직임. 이 움직임은 E. P. 샌더스가 저술한 *Paul and Palestinian Judaism*(1977; 『바울과 팔레스타인 유대교』, 알맹e, 2018; 이하 *PPJ*)을 통해 시작되었다. 샌더스는, 사도 바울의 주장과는 다르게, 예수 시대의 유대교가 율법주의적이지 않았고 행위에 따른 의라는 개념이 지배적이지도 않았다고 주장했다. 유대교는 오히려 은혜의 종교였다. 하나님은 은혜로 이스라엘을 선택하고 이스라엘과 언약을 맺었다. 율법에 대한 순종은 (은혜로 받는) 구원을 위한 수단이 아니라 오히려 이스라엘이 하나님과 맺은 언약 관계를 유지하기 위한 수단이었다. 샌더스는 이 관점을 설명하기 위해 '언약적 율법주의'● covenantal nomism라는 용어를 새로 만들었다. 샌더스에 의하면 바울은 예수가 메시아라는 사실을 믿게 되었다. 만약 예수가 구원을 위한 방법이라면 유대교 율법은 구원을 위한 방법이 될 수 없다. 샌더스가 말한 것처럼, 바울은 "해결할 길"solution에서 "비참한 곤경"plight으로 거슬러 올라간다. 해결할 길은 예수가 메시아이자 구원자라는 사실이다. 만약 이 명제가 참이라면, 당시 이스라엘이 처한 상황(비참한 곤경)에는 반드시 문제가 있어야 한다. 그리스도라는 최종적 문제 해결책을 하나님이 보내 주었다는 사실 자체가 유대인을 비롯한 모든 인간이 비참한 곤경에 처해 있다는 것을 말해 준다. 바울이 보기엔 유대교가 지닌 문제점은 단 하나, 그리스도가 없다는 것이다. 샌더스는 이를 다음과 같이 표현했다. "바울이 볼 때 유대교의 문제점은 바로 이것이다—유대교는 그리스도교가 아니라는 것"이다(*PPJ*, 552)●●

샌더스의 관점은 여러 사람에 의해 발견되고 수정되었다. 예를 들어 제임스 던James D. G. Dunn과 N. T. 라이트Nicholas Thomas Wright는 샌더스가 본질적으로 유대교에 대해서는 옳았는지 몰라도 바울에 대해서는 틀렸다고 주장한다. 바울이 거부하는 '율법의 행위'는 의를 얻기 위해 행하는 율법주의적 행위가 아니다. 이들은 오히려 할례, 안식일 준수, 음식법과 같이 유대인으로 산다는 것이 무엇인지 나타내는 '정체성 표지'identity markers 또는 '경계 표지'boundary markers다. 근원적으로 바울은 그리스도를 따르는 자가 되기 위해서 유대인이 될 필요는 없다고 주장했다. 현재 학계에는 바울에 관한 새 관점을 완전히 거절하는 사람으로부터 그것을 전체적 또는 부분적으

● 이 용어를 일부는 '언약적 신율주의'로 번역하기도 하는데, 율법이라는 단어 자체가 하나님이 주신 계명의 집합체를 가리키므로 굳이 생소한 용어를 도입하여 사용할 필요는 없다.SYK
●● 참고로, 샌더스 자신은 *PPJ* 40주년 기념판 머리말에서 자신의 책이 "새 관점"과 얽히는 것을 원하지 않는다는 것을 명확하게 밝힌다.

로 수용하는 사람까지 포함되어 있다.••• ••••

바울적 표현^{JPS} Paulinism 바울투, 바울형, 바울 어법 바울에게서 특징적으로 나타나는 신학적 표현이나 명확한 어구formulation.

바울주의자 Paulinist 바울 계승자, 바울 전통 지지자 바울의 유산을 계속 이어 간 사람. *제2바울계deutero-Pauline로 알려진 서신들은 종종 바울의 신학과 저술(*바울적 표현)을 잘 알고 있으며, 바울이 남긴 유산을 충실히 따르는 바울주의자가 썼다고 추정되기도 한다. **참조.** *바울학파.

바트 콜 Bat Qol 히브리어로 '목소리의 딸'을 의미한다. 이 용어는 유대인들이 천상의 소리를 묘사할 때 사용되며, 이미 하나님과 관계 속에 있는 사람이 듣는 예언과는 구분된다. 신약에 등장하는 바트 콜로는 예수가 세례를 받을 때 들려온 천상의 목소리가 있다 (마 3:17; 막 1:11; 눅 3:22).

반어(법) irony 아이러니 단어에 내포된 의미가 그 단어를 명시적으로 사용할 때와 일치하지 않는 진술. 엘리야가 갈멜산에서 바알의 선지자들에게 "큰 소리로 부르라 그는 신인즉 묵상하고 있는지 혹은 그가 잠깐 나갔는지 혹은 그가 길을 행하는지 혹은 그가 잠이 들어서 깨워야 할 것인지"(왕상 18:27)라고 말할 때, 그는 반어법을 사용한다. 엘리야는 그들의 신들이 신들이라고 믿지도 않으며, 그들이 그 시험을 통과하지 못할 것이라 말하는 것이다. 반어의 위험성은 그것을 놓칠 수 있다는 데 있다. 대다수는 요나서가 정의(와 은혜)를 반어적으로 다룬 것으로 여긴다. 다른 예언서에서 우리가 흔히 보게 되는 것과는 달리 요나서는 단순히 요나의 이야기일 뿐이지 요나의 예언에 관한 책이 아니다. 현대인이 성경 속 반어를 다루는 방식의 문제점은, 한 텍스트가 어떤 의미를 의도하지 않았다는 이유만으로 그 의

••• 최근에는 바울에 관한 새 관점에서 한 걸음 더 나아가서 바울에 관한 급진적인 새 관점[Radical New Perspective on Paul, RNPP. 이 용어는 2009년에 제터홀름(Zetterholm)이 만듦], 즉 바울의 유대적 특징을 재발견하고자 하는 시도가 진행되고 있다. 경우에 따라 RNPP는 Paul within Judaism과 상호 혼용되기도 한다(Mark Nanos, Matthew Thiessen, Pamela Eisenbaum 등).ⓔ

•••• 출처: *Baker Compact Dictionary of Biblical Studies*. Baker Publishing Group의 허락을 받고 사용함.

미가 반어법이라고 주장하는 것과, 단순히 독특하다고 해서 반어라고 우기는 것, 성경 어디에서나 반어를 찾을 수 있다고 착각하는 것이다(데이번포트H. Davenport의 catless grin과 같이).● 이 문제는 저자의 의도가 무시되는 현재의 위기 상황에서 특별히 심해진다. 어떤 텍스트에서 반어를 찾기 위해서 독자는 반드시 텍스트가 말하는 바를 그대로 믿어야 하고, 왜 드러난 내용이 저자가 의도한 바인지를 분별해야 한다. 신약에서 예수는 서기관과 바리새인을 다룰 때 반어를 사용한다(마 23장, 특히 32절). 또한 바울은 고린도 교회 교인들과의 논의에서 반어법을 사용하여 호소한다(참조. 고전 3-4장).

반율법주의자 antinomian 율법폐지론자HJR 예수 그리스도를 믿음으로 구원을 얻고 나면 모든 도덕적 의무로부터 자유로워지며 형벌 없이 죄를 지을 수 있다고 오해한 초대 교회 신자를 가리키는 용어(그리스어에서 '반대'를 의미하는 άντι안티와 '법'을 의미하는 νόμος노모스의 합성어). 로마서 6:1-11이나 요한1서(참조. 요일 1:9-10)와 같은 신약 본문이 율법폐지론의 문제를 다룬다. 어떤 학자들은 이러한 태도가 율법보다 지식을 중요히 여기는 *영지주의의 초기 형태들과 이어져 있다고 본다. (신학이나 윤리학에서는 '도덕률 폐기론자'가 더 적절한 용어일 수 있음.ⓒ)

방언 glossolalia 무아지경으로 말하는 현상으로('혀'를 의미하는 그리스어 γλῶσσα글로사와 '말하다'를 의미하는 그리스어 λαλέω랄레오에서 파생), 오순절에 처음 나타났으며(행 2:1-13) 후에 초대 교회에서 일어난다(참조. 행 10:44-46; 19:6). 사도 바울은 "각종 방언" 말함을 영적 은사 중 하나로 언급하며(고전 12:10, 28), 이를 고린도 교회 예배에서 예언자적 영감의 정당한 표현으로 간주한다(고전 12-14장). 방언이 천사들의 특별한 언어인지, 알려지지 않은 외국어인지, 혹은 알려진 언어의 지방어인지(행 2:6)에 대한 의문은 학자들 사이에서 계속 이어지고 있다. 어떤 이들은 이 현상이 사도 시대와 함께 끝났으며, 오늘날에는 방언을 원하거나 행해서는 안 된

● 미국 소설가 루이스 캐롤의 고양이 없는 미소를 의미한다. 고양이가 사라지면서 미소만 남아 있는 것으로, 형이상학적으로 존재할 수 없으나 발견할 수 있는 것을 가리킨다. 하늘샘 역주.

다고 믿는다. 하지만 어떤 이들은 현 시대에 방언이 나타날 수 있다고 믿으며 이 은사를 가진 사람이 그것을 사용하도록 권장한다.

방종주의 libertinism *반율법주의자를 보라.

범신론 pantheism 만유신론, 만유신교 하나님과 피조물이 근본적으로 일치한다는 신념. 성경은 하나님을 창조자로 묘사하고, 따라서 하나님이 창조물과 구별되기에 명시적으로 범신론을 거부한다(창 1장).

베네딕투스 Benedictus 전통적으로 세례 요한에 대한 사가랴의 예언에 붙인 라틴어 이름(눅 1:68-79). 라틴어로 *Benedictus Dominus Deus Israel*"찬송하리로다 주 이스라엘의 하나님이여"이라는 첫 문장으로 시작하는 이 예언은, 하나님의 은혜와 그 백성을 향한 *언약 속 약속들에 대한 *찬송과 세례 요한이 수행할 예언자 역할로 이어진다. **참조.** *눙크 디미티스; *마그니피카트.

베다, 성 Bede, St., Beda Venerabilis베다 베네라빌리스, the Venerable Bede (약 673-735) 성 비드 "잉글랜드 역사의 아버지"이며, 그 시대 가장 박식한 사람 중 하나였다. 유럽 대륙이 암흑 시대로 접어들 때 베다가 살던 노섬브리아의 교회는 켈트 교회의 신앙심과 더불어(캔터베리 대감독이었던 타르수스의 테오도르Theodore of Tarsus가 가져온) 이탈리아 학문을 통해 많은 혜택을 입었다. 베다는 많은 저서와 학문성으로 유명한데, 여기에는 마가복음과 누가복음에 대한 주석서가 포함된다.

베르나르, 클레르보의 Bernard of Clairvaux (약 1090-1153) 유창한 중세 설교자이자 유럽 전역에 68개의 수도원을 세운 수도자. 해석자로서는 아가서 설교로 가장 유명하다. 베르나르의 아가서 설교들은 풍성하게 성적인 심상과, 그 심상에 연결된 '우리를 향한 하나님의 사랑'과 '하나님을 향한 우리의 사랑'에서 나오는 친밀하고 정서적인 경험 덕분에 폭넓은 지지자층을 얻었다. *풍유법을 통해 아가서의 문자적 의미는 그리스도를(그리고 그와의 연합을) 향한 열망으로 전환되었다.

벨럼지 vellum *양피지를 보라.

벨하우젠, 율리우스 Wellhausen, Julius (1844-1918) 독일의 구약학자.

벨하우젠은 *오경 내 자료들의 저작 시기에 대한 연구로 구약학의 양상을 바꾸어 놓았다. 벨하우젠이 *문서설을 제시한 것은 아니지만, 그는 문학적 분석을 *종교사학과 합침으로써 학자들의 상상력을 사로잡고 그 이후에 생길 논쟁의 방향을 제시했다. 벨하우젠에 따르면, 예언자들이 '도덕적 일신론'ethical monotheism 사상을 통해 이스라엘 종교를 혁신했다. 이스라엘 종교의 발달 과정 중에 오경의 *제의 율법은 후대에 생성되었으며, 원래 메시지에는 포함되지 않은 율법주의로의 변화를 나타내는 것으로 보았다.

변모 transfiguration 변신, 변형 모든 *공관복음서에 기록된(마 17:1-8; 막 9:2-8; 눅 9:28-36; 참조. 벧후 1:16-18), 예수의 외모가 변형된 사건metamorphosis을 가리킨다(그리스어 μεταμορφόω메타모르포오는 '형태가 바뀌다, 변형하다'를 의미). 변모에 대한 *복음서의 기술에 의하면, 엘리야 및 모세가 예수와 대화했고, 예수의 옷은 눈부실 정도로 하얗게 변했으며, 구름에서 들리는 하나님의 목소리가 "이는 내 사랑하는 아들이요 내 기뻐하는 자니 너희는 그의 말을 들으라"(마 17:5)고 말했다. 이 사건은 부활한 후에 예수가 가질 영광을 미리 보여 주었다.

병렬(구조)(법) parataxis 파라탁시스 종속 관계 없이 연결되어 있는 구나 절을 의미한다. 병렬구조는 히브리 서사의 특징으로, 행동들이 단순한 '그리고'(히. ו)를 통해 연결된다. 예를 들어 요나 1:3의 내용을 문자 그대로 옮기면 다음과 같다. "그리고 요나가 일어났다…그리고 그가 내려갔다…그리고 그가 만났다…그리고 그가 주었다…그리고 그가 들어갔다." 이와 같은 특징은 καί카이. 그리고 병렬구조를 사용한 마가복음에서도 찾아볼 수 있다(예. 막 14:37). 병렬구조는 또한 (쉽게 드러나지는 않지만 신중히 읽으면 구별할 수 있는 관계성을 가진) *페리코페들pericopes을 나란히 배치하는 마가의 서사 기법을 묘사할 때도 사용된다.

보른캄, 귄터 Bornkamm, Günther (1905-1990) 주로 독일 하이델베르크 대학교에서 교수로 재직한 신약학자. 루돌프 *불트만의 제자였지만 역사적 예수에 대한 스승의 극단적인 회의주의를 받아들이지 않았다(**참조.** *역사적 예수 탐구). 보른캄은 자신의 주요 저서 *Jesus von Nazareth*(1956. *Jesus of Nazareth*, 1960; 『나사렛 예수』, 대한기독교서회, 1973)를 통해 복음서가 제시하는 나사렛 예수와 교회가 믿고 선포한 믿음의 그리스도 사이에 연속성이 있음을 논증하려 했다. 그는 또한 *편집 비평 원칙을 이용하여 마태복음을 읽은 초기 학자 중 하나다.

보충설 Supplement Hypothesis *단편 문서설**을 보라.

복음(서) gospel ('좋은 소식'을 뜻하는) 그리스어 εὐαγγέλιον유앙겔리온에서 파생된 용어로, 기독교 메시지를 지칭한다. 마가는 자신의 예수 이야기를 "예수 그리스도의 복음의 시작ἀρχὴ τοῦ εὐαγγελίου"(막 1:1)으로 연다. 머지않아 예수에 대한 마태, 마가, 누가, 요한의 서술은 한 복음(서) 혹은 그 복음(서)들로 불리게 된다referred to as a or the Gospel[s]. 우리가 아는 사복음서는 원래 *익명(저자)의 것이었다. 즉 이들은 약 50년 동안 아마 마태, 마가, 누가, 요한이라는 구체적인 이름 없이 유포되었을 것이다.

복음서 대조(서) synopsis of the Gospels *공관복음(마태복음, 마가복음, 누가복음)의 병행하는 자료들을 수직의 단으로 나란히 배치하여, 독자가 차이점이나 유사점을 빨리 찾아낼 수 있게 해 주는 책 (간혹 요한복음도 함께 배치하기도 한다.). '함께'를 의미하는 그리스어 συν쉰과 '보다'를 의미하는 ὀπτικός옵티코스의 합성어로, '함께 보다' 혹은 '한 번에 보기'를 의미한다. 복음서 대조서의 예로는 쿠르트 알란트Kurt Aland의 *Synopsis of the Four Gospels* (원제 *Synopsis Quattuor Evangeliorum*네 복음서 대조서, United Bible Society, 1985)가 있다.

복음서 조화 harmony of the Gospels 사복음서의 기록을 일치시키려는 작업. 가끔 '조화'는 *복음서 대조(서)나 병행parallel과 같은 뜻으로 쓰이지만, 조화의 기능은 예수에 대하여 연속성 있는 하나의 이야기가 되도록 사복음서 기록들을 상호연관되도록 하는 데 있다. 현재까지 알려진 바로는 복음서 조화의 최초의 시도는 타티아누스Tatian의 디아테사론*Diatessaron*(약170)이다.

복음서, 정경 canonical Gospels 지중해 문화권 교회들 도처에 퍼졌다가 모아지고, 결국 397년에 열린 제3차 *카르타고 공의회에서 교회의 정경으로 인정된 네 개의 복음서를 뜻한다(*외경 복음서와는 반대 개념).

-(역)본本 version -판版 본문 (비평) 연구에서 이 용어는 히브리어나 그리스어 성경을 라틴어, 고대 시리아어, 에티오피아어와 같은 다른 언어로 번역된 성경을 뜻한다.

본문 비평 textual criticism 최대한 혹은 가장 있음 직한 원본에 가까운 본문텍스트을 확립하려는 학문(과거에는 *하등 비평이라고도 함). 원본 혹은 '자필 원고'가 더 이상 존재하지 않기 때문에, 학자들은 여러 이문을 가진 현존하는 사본들을 평가하고 분류해야 한다. 예를 들면 문자를 혼동하거나(히브리어 ㄱ달렛과 ㄱ레쉬는 혼동하기 쉬움), 문자나 단어가 빠지거나(*중자탈오haplography, *유사문미homoioteleuton), 문자나 단어가 두 번 기록되거나(*중복오사dittography), 문자의 순서가 바뀌거나, 병행되는 단어나 본문으로부터 나란히 배열되는juxtaposed, 병치되는 경우, 일반적으로 오류가 발생한다. 본문 비평가는 필사자의 오류를 찾기 위해 사본(혹은 사본 조각)을 상세 점검할 뿐 아니라, (*불가타 역본이나 *페쉬타Peshitta 같은) 초기 번역본과, 본문에 대해 정보를 제공해 주는 *성서일과lectionaries 또한 참고한다. 예를 들어, *칠십인경에는 학자들이 생각하기에 더 오래되었거나 *히브리 성경 원본에 더 가까운 본문이 더러 있는데, 이는 교정의 흔적을 보여 주는 근거가 된다(전해지는 과정에서 오염된 본문의 교정을 가리킴). 그렇지만 고대 번역본이 이문을 보존했는지, 아니면 한 단어나 한 구절을 더 쉽게 이해할 수 있도록 번역했는지를 항상 명확하게 밝혀내기 힘들다. 본문 비평은 대개 여러 성경 비평 중 가장 객관적인 비평으로 여겨지는데, 본문을 확립하는 데 사용하는 명확한 규칙들이 있기 때문이다. 하지만 본문 읽기에 대한 판단은 항상 해석의 요소를 포함하기 때문에 의견 불일치는 여전히 존재한다. **참조.** *사해 문서; *타르굼.

본문 비평 장치 critical apparatus 대다수의 히브리어 구약 성경과 그리스어 신약 성경에서 찾아볼 수 있는 본문 비평용 각주를 가리킨다. 이 각주들은 최종적으로 인쇄된 해당 성경 본문과 같거나 다른 본문을 제시하는 다양한 사본 자료나 이문들을 보여 준다. 현대어 성경에서는 때때로 "몇몇 고대 사본들은 이 부분을 포함하지 않음"이나 "몇몇 고대 사본들은 이 부분을 첨가함"과 같은 표현으로 본문 간의 중요한 차이를 드러낸다. **참조.** *본문 비평.

부세트, 빌헬름 Bousset, Wilhelm (1865-1920) 독일의 신약학자이며, 괴팅겐 대학교의 종교사학파를 대표하는 주요 학자. 이 학파는 초기 기독교의 여러 신념의 기초를 더 이른 시기의 다른 종교적 전통들에서 찾고자 했다. 부세트의 가장 유명한 저작은 *Kyrios Christos*퀴리오스 크리스토스(1913)로, 그는 이 책에서 신약 성경의 고기독론 high Christology이 헬레니즘-유대계 그리스도인들을 통하여 그리고 그 공동체가 그리스-로마의 이교 종교 전통을 접함으로써 생겼다고 주장했다. **참조.** *종교사학파.●

불가타 (역본) Vulgate *히에로니무스Jerome가 4세기에 번역한 라틴어 성경(라틴어 *vulgo*는 '일반적으로 만들다, 접근하기 쉽게 만들다'를 의미하며 라틴어로는 *Vulgata*불가타라고 칭함)으로 그 이전에는 옛 라틴어 역본Old Latin, *Vetus Latina*이 있었다. *칠십인경이나 다른 그리스어 역본보다 *hebraica veritas*[히브리 성경(구약)의 히브리어 본문]에 충실한 것이 특징이다. 따라서 불가타 역본은 신약 시대 이후 수 세기 동안 히브리 성경과 그리스어 신약 성경이 어떤 상태였는지를 보여 주는 또 다른 증거다. **참조.** *본문 비평.

불트만, 루돌프 칼 Bultmann, Rudolf Karl (1884-1976) 마르부르크 대학에서 뛰어난 교수 경력(1921-1951)을 지닌 신약학자. 아마도 불트만은 20세기에 가장 영향력 있는 신약학자일 것이며, 변증법적 신학과 실존철학을 반영하는 그의 연구는 *해석학, *역사적 예수, *양식 비평, 요한 신학, 바울 신학, 신약 신학, *종교사학파를 포함한 다양한 논점을 다룬다. **참조.** *아포프테그마; *탈신화화; *히스토리.

● 출처: *Baker Compact Dictionary of Biblical Studies*. Baker Publishing Group의 허락을 받아 사용함.

불평 시편 complaint psalms *탄원 시편을 보라.

브레데, 빌리암 Wrede, Georg Friedrich Eduard William (1859-1906) 독일의 신약학자(독일어로 빌헬름 브레데Wilhelm Wrede로도 쓰인다). 그는 저서 *Das Messiasgeheimnis in den Evangelien*복음서에 나타난 메시아 비밀(1901; *The Messianic Secret in the Gospels*, 1971; 『윌리엄 브레데의 메시야의 비밀』, 한들, 2018)으로 유명하다. *하르낙Adolf von Harnack 및 알브레히트 리츨Albrecht Ritschl과 함께 한 그의 연구는 괴팅겐 대학교에서 *종교사학파를 발전시키는 그의 역할에 큰 영향을 주었다. **참조.** *메시아 비밀; *역사적 예수 탐구; *슈바이처, 알베르트.

브루스, 프레드릭 파이비 Bruce, Frederick Fyvie (1910-1991) 다작 작가이자 교수 경력의 대부분을 잉글랜드 맨체스터 대학교에서 보낸 영향력 있는 영국 복음주의 학자. 브루스는 주로 많은 신약 성경 주석으로 알려져 있지만, 그는 구약 연구, 성경 신학, 신약 역사, 정경사와 같은 분야에도 많이 기여했다.

비교 미드라쉬 comparative midrash -미드라시 *성경 내적 주석을 보라.

비신화화 demythologization *탈신화화를 보라.

비옥한 초승달 지대 Fertile Crescent 페르시아만의 티그리스-유프라테스강에서 팔레스타인을 지나 지중해까지 이르는, 그리고 밑으로는 이집트의 나일강까지 이르는 땅. 이집트 학자 브레스테드J. H. Breasted는 땅의 초승달 혹은 호弧 모양을 근거로 1917년에 이 용어를 만들었다. 티그리스강, 유프라테스강, 나일강은 농업 및 그 산물(양털, 가죽, 리넨 등)에 필요한 물을 제공하여 이를 비옥한 땅으로 만들었다. 따라서 이 지역의 인구 밀도는 올라가고 무역은 번성했다. 무역 노선 지배를 위해, 혹은 주위 발전한 왕조들의 억압으로부터 독립하기 위해 많은 왕국이 싸웠기 때문에 비옥한 초승달 지대에서는 많은 전쟁이 일어났다. 이집트와 메소포타미아의 여러 왕국이 거쳐간 광활한 땅덩어리에 이스라엘이 위치하며, 성경 속 역사는 이스라엘의 이러한 사회적·경제적·정치적 상황을 배경으로 하여 전개된다.

비유 parable 신약(그. παραβολή파라볼레)과 구약(히. מָשָׁל)에서 자주 등장하는 문학 양식. 비유는 짧고 단순한 이야기로, *복음서에 나타나는 예수의 비유들처럼, 일상에서 볼 수 있는 것들을 비교하거나 예시를 제시함으로써 영적인 진리나 도덕적 교훈을 전달하는 것을 목적으로 한다. 구약 용어인 *마샬mashal 또한 잠언, 수수께끼, 풍유, 직유처럼 다양한 의미를 가질 수 있다.

비유사성의 원칙 criterion of dissimilarity 진정성 판단 기준 중 하나로, 예수의 어록이 '유사하지 않을' 경우 진정한 어록이라고 판단한다. 여기서 비유사성은 초대 교회나 고대 유대교에서 일반적이었던 어록이나 신념들과는 다르거나 독특한 성질을 의미한다. **참조.** *일관성의 원칙; *진정성 판단 기준; *다중 증언의 기준.

사가 saga 단편적 사건들로 이루어진episodic 서사의 장르로, 정치적 역사보다는 한 가족의 역사나 과거의 어떤 영웅을 중점적으로 다룬다. 사가는 *구두 전승에서 파생되었으며 배경 묘사를 거의 하지 않는다. 대신 주인공의 행동을 중심으로 이야기를 들려준다. *족장 서사(창 12-36장)가 사가 혹은 가족 일대기의 예시다. **참조.** *전설; *유래설화.

사경 Tetrateuch 하나의 완전한 단위로 본 *히브리 성경(구약)의 첫 네 권을 가리킨다. 어떤 학자들은 *토라를 *오경(다섯 권의 책)으로 보는 대신, 성경의 첫 네 권과 신명기-열왕기하[*신명기계 역사(서)]가 각각 온전한 단위를 형성한다고 주장한다. 하지만 문학적 및 역사적 요소를 고려한다면 *오경의 신학적 중요성은 간과하기 힘들다.

사도(적) 임재 apostolic parousia 바울이 실제로 어떤 교회에 직접 가 있지 않더라도, 그 교회에 쓴 편지를 통해서(참조. 롬 1:8-15; 15:14-33; 고전 4:14-21; 고후 12:14-13:13; 몬 22절) 혹은 디모데처럼 그가 권한을 위임한 사절을 통해서(고전 4:17-20; 빌 2:19-24; 살전

2:17-3:13) 그의 사도적 권위가 그곳에 존재하거나 그러하다고 느낄 수 있다는 개념이다.

사독계 문헌/조각 Zadokite Documents/Fragments *다마스쿠스 문서를 보라.

사마리아 오경 Samaritan Pentateuch, -Torah 사마리아 공동체가 기원전 100년경 발전시킨 *오경의 한 형태(라. *Pentateuchus Samaritanus*). (신약 시대 이전부터 오랜 세월 유대인들과 분리된) 사마리아인들은 유대인들과는 다르게 *예언서나 *성문서를 성경으로 받아들이지 않았다. 유대 오경과 사마리아 오경 사이에는 약 6,000군데의 차이가 있지만, 대다수는 철자나 문법 차이다. 두 텍스트의 관계는 계속 논쟁 가운데 있으며, 그 논쟁점 중에는 히브리어 본문이 어떻게 전수되었는지에 대한 문제와 신약 시대에 존재했던 다양한 '유대교들' 사이의 복잡한 관계의 문제가 포함된다. 흥미롭게도 사마리아 오경의 '텍스트 유형'은 *쿰란에서 발견된 성경 사본에서도 발견되었다. **참조**. *본문 비평.

사해 문서 Dead Sea Scrolls -두루마리, -사본, 쿰란 문서 1947년에 양치기들이 사해 근처의 동굴들에서 발견한 (대부분이 미완성인) 850여 개의 문서와 조각 뭉치를 가리킨다. 에스더기를 제외한 성경의 모든 책이 여기에 포함되어 있으며, 그 외에 비성경 문서들로 성경 주석이나 성경을 풀어쓴paraphrase 문서 및 예배나 *종말론에 대한 저작물 등도 있다. 원래 가장 오래된 사본이었던 *마소라 본문보다 수 세기 먼저 기록된 이 문서들은 학자들이 히브리 성경을 확립하는 데 기여했다(**참조**. *마소라 학자들; *본문 비평). 또 중요한 점은, 이 두루마리들은 당시 유대교 내에 있던 다양한 관점 중 한 그룹이 가졌던 생각과 관습을 드러내 줌으로써 초기 유대교와 초기 기독교를 더욱 분명하게 이해할 수 있게 도와주었다. 이 텍스트들을 보존한 공동체들은 정결 규칙에 따라 금욕주의를 지켰으며 하나님의 통치와 역사에 따르는 종말론적 세계관을 갖고 있었다. (주요 문서 목록은 이 책의 부록을 참고하라.) **참조**. *에세네파; *쿰란.

사회과학적 해석 socioscientific interpretation 초기 기독교나 이스라

엘의 성격을 더 잘 이해하기 위해 성경 본문에 사회학적·인류학적·정치적·사회문화적 이론을 적용하는 것을 뜻한다. 근래에 고대 이스라엘, 예수, 바울, 초대 교회 연구에 많이 쓰이고 있다. 이 방법론을 통하여 남성과 여성의 관계, 가족 및 세대 구조, 성결 규칙, 명예와 수치, 후견인-피후견인의 관계 등과 같이 다양한 주제를 다룬다.

사후 예언事後 豫言 *vaticinium ex eventu*바티키니움 엑스 에벤투 문자 그대로 '결과로부터 하는 예언'을 뜻하는 라틴어 어구에서 파생한 용어(복. *vaticinia ex eventu*). 달리 말하면 사후 예언은 진정한 의미의 예견은 아니고, 실제로 일어난 사건(들)을 바탕으로 내레이터가 하는 예언이다. *복음서에서도 이 예를 찾을 수 있는데, 어떤 해석자들은 성전 파괴 예언과 같은 예수 어록에서 사후 예언이 발견된다고 주장한다(마 24:2; 막 13:2; 눅 19:43-44; 21:6, 22; 참조. 막 10:38-39; 14:28, 눅 19:42). 아모스 5:1-3에서 아모스는 자기 생애 동안 아직 일어나지 않을 예루살렘의 멸망을 이미 일어난 사실처럼 슬퍼한다.

산헤드린 Sanhedrin 유대교 지도자들의 집회(히. סַנְהֶדְרִין; 그. Συνέδριον쉰네드리온)나 회의를 가리킨다. 복음서나 사도행전에서는 이 단어를 포함한 여러 용어로 다양한 종류의 회의와 재판 법원을 가리킨다(참조. 마 5:22, 26, 59; 막 13:9; 14:55; 15:1; 눅 22:66; 행 5:21). 하지만 '대 산헤드린'Great Sanhedrin은 오직 *미쉬나의 "산헤드린" 부분tractate, 소책자 혹은 분책에서만 등장하며, 법적 분쟁에 대한 최종 판결을 책임지는 71명의 회원의 모임으로 묘사된다.

삶의 자리 Sitz im Leben 삶의 정황HJR 지츠 임 레벤은 특별히 *양식 비평가가 사용한 독일어 전문 용어로, 각각의 비유, 전설, 예언, 도덕적 가르침, 전례 형식(구) 등과 같은 양식이 그 형태를 띠도록 했던 이스라엘, 예수, 초대 교회의 삶이 지니는 사회적 배경을 의미한다. 예를 들어 예수에 대해 이렇게 질문할 수 있다. "예수 어록을 모으고 선언하고 적용하도록 만든 초대 교회의 지츠 임 레벤이 무엇이었을까?"

삼중 전승 triple tradition 세 *공관복음서에 공통적으로 사용된 부분을 가리키며, *두자료설이나 *네자료설과는 달리 자료들에 대한 암시를 회피한다. **참조.** *이중 전승.

상형 문자 hieroglyph 신성 문자, 그림 문자 그림으로 쓰는 글자a pictorial script. 그리스어로 '성직자의 기호'를 의미하는 용어에서 파생된 상형 문자는 본래 이집트의 종교적 글을 일컬었다. 하지만 차차 상형 문자도 의미할 수 있게 되었다. 개체들을 상징하기 위해 그림을 사용하는 것은 필요한 기호의 양 자체 때문에 몹시 성가신 일이 될 수 있었다. 기호가 의미를 가지는 대신 소리로 읽히는 '동음기호 원리'rebus principle는 결국 글쓰기의 범위를 확장시켰고, 이는 현재 대부분의 문화권이 사용하는 알파벳 체계로 이어졌다.

상호본문성 intertextuality 상호본문적 해석JMK, (주석방법론을 지칭하는 용어로 사용될 경우) 간본문성, 상호텍스트성 모든 본문텍스트은 다른 본문과 상호 작용interplay하는 현상으로, 이로써 어떤 본문도 분리해서 단독으로 볼 수 없다는 해석 원칙이 생긴다. 이와 같은 상호 작용은 성경 문헌에 특별히 들어맞는데, 성경 내 각각의 책이나 본문에는 스스로가 전통의 흐름의 일부라는 자의식이 담겨 있기 때문이다. 상호본문성 연구는 단어나 주제를 공유하는 본문들을 관찰함으로써 후대 본문에 등장하는 이전 본문의 파편이나 '반향'echoes을 주의 깊게 본다(참조. echo chamber = 반향실 혹은 울림방ⓒ). 일반적으로 성서학 내에서 상호본문성 연구는 성경 본문이 재가공된 **과정** 자체와 본문 간의 **차이**에 초점을 맞춘다(성경 본문은 서로 의미를 확장시킬 뿐 아니라, 다른 맥락으로 이동되거나 심지어 반박되기까지 한다). 강조점은 **일치된** 읽기conformity가 아니라 가능한 읽기의 **복수성**plurality을 탐구하는 데 있다. **참조.** *성경 내적 주석.

샌더스, 에드 패리쉬 Sanders, Ed Parish (1937-) *바울에 관한 새 관점을 보라.

생략법 ellipsis 그 의미는 맥락을 통해 대개 이해되지만, 기술적으로는 문법에 어긋난 문장이 되도록 언어의 한 요소를 누락하는 방법을 가리킨다(참조. 고전 10:24; 고후 5:13; 엡 5:24; 빌 2:5.) 비슷한 용어인 생략ellipse은 생략법의 실제 경우, 즉 무언가가 누락된 구

체적인 경우를 가리킨다.●

샴마이 Shammai 1세기로 접어드는 시기의 대표적인 랍비(기원전 약 50-기원후 약 30). 샴마이는 그와 대응하는 랍비이었던 *힐렐에 비해 유대교 법을 더 엄격하게 해석하고 적용했다. 그의 견해들은 일반적으로 70년에 성전이 무너지기 전까지 만연했다. 그를 따르던 사람들은 샴마이(학)파로 불린다.

서문(주로 서신의) prescript (epistolary) 인사와 함께 수신자와 발신인의 이름으로 이루어진 서신의 앞부분을 의미한다. 많은 바울 서신이 이런 식으로 시작되는데, 그 형식은 다음의 예시에서 볼 수 있다. "하나님의 뜻으로 말미암아 그리스도 예수의 사도 된 바울과 형제 디모데는 골로새에 있는 성도들 곧 그리스도 안에서 신실한 형제들에게 편지하노니 우리 아버지 하나님으로부터 은혜와 평강이 너희에게 있을지어다"(골 1:1-2).

서방계 본문 Western text 신약 *본문 비평에서 *웨스트코트B. F. Westcott와 호트F. J. A. Hort가 붙인 이름으로, 서방을 *기원지provenance로 하며, 비슷한 텍스트의 특징을 지닌 사본군-群: a family of manuscripts을 가리킨다(예. 그리스-라틴 사본, 고대 라틴어 사본, 라틴 교부들이 인용한 본문). 다른 전통의 본문을 수정한 것으로 유명하며, 특별히 사도행전에 많은 부분이 추가되었다.

서사敍事 비평 narrative criticism 이야기 비평JMK, 내러티브 비평 성경 본문의 서사적 특징에 초점을 맞춘 접근법이다. 서사 비평가는 본문의 역사적 신빙성이나 신학보다도 줄거리나 묘사를 다룬다. 예를 들어 *누가행전은 예수와 초대 교회로서 어떤 사건들이 실제로 일어났다고 여기는데, 서사 비평가들에게 중요한 부분은 이 사건들을 선택하고 이들을 통해 줄거리를 구상하는 것 자체다. 서사 형식을 갖지 않는 책들(예. 예언서)도 이야기 구조를 갖고 있다. 예를 들어, 미가서의 하부 구조에는 이스라엘과 *언약을 맺은 하나님이 역사 속에서 행동하여 심판과 궁극적으로 자신의 백성을 향한 구원을 이룰 것이라는 내용이 있다. 서사 비평은 이야기를 인간 경

● 출처: *Pocket Dictionary for the Study of NT Greek*. 허락을 받아 사용함.

험의 근본적인 부분으로 여긴다. [참조. Mark Allen Powel의 *What Is Narrative Criticism?*;『서사비평이란 무엇인가』(한장사, 2012).ⓒ] **참조.** *내포저자; *내포독자; *문학 비평.

서사시 epic 문학 비평가들이 거대하거나 진지한 주제를 다루는 긴 이야기로 된 시narrative poem를 가리키는 용어. 이 시들은 고귀한 문체로 나라의 운명을 좌우할 행동의 주체인 영웅적인(대개 유사신quasi-divine인) 사람을 중심으로 쓰인다. 어떤 학자들은 용어의 의미를 확장하여 주요 대상을 다루는 방식이 서사적 '정신'spirit을 가지는 더 온건한 작품들도 포함시킨다. 후자의 의미를 취한다면 욥기를 서사시의 한 형태로 볼 수 있다. 하지만 전체적으로 볼 때 성경 이야기들에 나오는 가정적 사실주의domestic realism와 창조 사건에서 주±의 역할을 고려하면, 고전적인 서사시의 형태라고 여기기는 어렵다. **참조.** *문학 비평.

석비(문) stela 어떤 사건을 기념하기 위한 돌기둥. 주로 전쟁 승리와 같은 사건을 기념하기 위한 축하의 서술을 새기고 조각한 기둥이다. **참조.** *메르넵타 석비; *메사 석비.

선언적 예화選言的 例話 pronouncement story *복음서 *양식 비평form criticism에서 빈센트 테일러Vincent Taylor가 고안한 용어로, 예수가 어떤 종류의 '선언'을 하기 위해 들려주는 짧은 이야기나 서사를 가리킨다. 이에 대한 좋은 예시는 가이사에게 세금을 바치는 것에 대한 질문에서 찾을 수 있다(막 12:13-17). 이 이야기는 다음의 선언을 위한 배경이 된다. "가이사의 것은 가이사에게, 하나님의 것은 하나님께 바치라"(막 12:13-17). 디벨리우스M. Dibelius는 *파라디그마 *paradigma*라는 용어로, 불트만R. Bultmann은 *아포프테그마*apophthegma*라는 용어로 같은 종류의 본문들을 설명했다.

선재(설) preexistence 선재성 신약 기독론에서 그리스도가 성육신 이전에 신적 존재로 있었다는 개념을 가리키는 용어. 어떤 유대교 전승을 보면, 창조 이전에 활동했던 신적 지혜에 대한 신념을 찾을 수 있다(욥 28:20-27; 잠 8:22-31). 그리스의 *플라톤 철학에는 영혼이 육체 속에 들어가기 전에도 존재한다는 사상이 있다. 신약학과 신약 신학에서 선재는, 주로 삼위일체의 두 번째 위격인 하나님의 아들(성자Son of God)이 나사렛 예수로 성육신하기 전에 하나님 아버지와 천국에서 영원히 존재했었다는 믿음을 가리킨다. '선재'라는 단어 자체는 신약 성경에 나오지 않지만, 여러 본문에서 그 개념을 추론할 수 있다(요 1:1, 14; 3:13; 6:38, 62; 10:30; 고전 8:6; 빌 2:6; 골 1:15; 히 1:1-2).

설교 homily 유대교 *회당이나(행 13:13-41) 초대 교회에서 행해진 예배의 맥락에서 전달하는 설교sermon나 담론discourse을 일컫는 또 다른 용어. 초점은 믿지 않는 사람을 위한 *복음 선포(*케리그마)보다 신자를 위한 성경 해석과 권고에 맞춰져 있다. 어떤 학자들은 에베소서, 히브리서, 야고보서와 같은 신약 성경에 초기 기독교 설교가 내포되어 있을 수 있다고 주장한다.

설교학 homiletics *설교의 준비, 구성, 전달을 다루는 학문이다.

성결 법전 Holiness Code 거룩 법전 레위기 17-26장에 등장하는 법들의 통칭. 어떤 학자들은 이 법전이 오경과는 별개로 통용되다가 아마도 후기 왕정 시대에 포함되었다고 주장한다. 성결 법전이라는 이름은 다음의 반복구에서 파생되었다. "너희는 거룩하라 이는 나 여호와 너희 하나님이 거룩함이니라"(레 19:2 등). 오경 *문서설에 의하면 성결 법전은 *제사장 문서에서 유래하는 것이다.

성경 내적 주석 inner-biblical exegesis 후대의 성경 본문으로 그 이전의 본문을 재해석, 재적용하는 본문 주석 방법론. 성경 내적 주석 방법론은 구약학에서 좀더 많이 발견되고 있는데, 이렇게 된 데에는 피쉬베인Michael Fishbane의 기념비적인 연구서인 *Biblical Interpretation in Ancient Israel*고대 이스라엘의 성경 해석(1985)이 기여한 바가 크다. 직접 인용이 이 방법을 적용하는 가장 당연한 방법이지만, 성경 내적 주석은 텍스트의 *난외 (어구) 주석gloss, 현재 형태 내 자료의 배치 상태 및 다른 텍스트에서의 단어 사용, 주제, 전승 또한 참고한다. 예를 들어 성경 내적 주석을 연구하는 학자라면 요엘 3:10과 미가 4:1-3이 이사야 2:2-4과 어떤 관계에 있는지를 살펴보거나, 호세아가 이삭과 에서에 대해 어떻게 창세기 32장의 전승을 사용하는지를 확인할지도 모른다. 이러한 텍스트 접근법은 '성경으로 성경 읽기'Scripture in the light of Scripture와 겹치는 요소가 있지만, 신학적 혹은 영적 관계보다는 문학적이고 역사적인 관계에 더 많은 무게를 둔다. 어떤 학자들은 '비교 미드라쉬'comparative midrash가 성경 내적 주석과 대략적으로 흡사하다고 본다. 참조. *상호본문성.

성경 비평 biblical criticism 성경이 편집된 다양한 단계를 정리하고, 책들 간between에 혹은 안within에 드러나는 문학적 차이를 조정하려는 시각을 바탕으로 삼고, 성경 본문 연구를 위해 사용하는 합리적 판단과 방법을 적용하는 접근법. 한편으로 좀더 대중적으로는 성경 본문의 현대적인 해석을 가리키기도 한다. 신앙 공동체들이 성경 텍스트를 권위적으로 수용하기 시작하면서부터 **분별을 위한 해석**discriminating interpretation으로서 성경 비평은 사용되었다. 하지만 18세기의 성경 연구는 믿음의 관점이 반드시 필요하지 않은 '과학적인' 활동으로 변화되고, 이로 말미암아 성경 비평은 새로운 국면에 접어들었다. 과학적인 방법론과 접근법은 그 시작 이래로 계속해서 다양하게 늘어났다. 하지만 기본적 전제만큼은 지금까지 남았다. 즉 성경은 다른 어느 책을 읽듯이, 다시 말하자면, 역사적이고 문학적인 방법으로 본문의 기원과 의미를 판단해 가며 읽어야 한다는 것이다. 성경 비평의 문제점으로는 본문을 하나님의 말씀으로 읽는 독특한 신학적 읽기를 잃을 가능성을 들 수 있다. 참조. *성경 신학 운동; *정경 비평.

성경 신학 운동 Biblical Theology Movement 제2차 세계대전 이후 일단의 성서학자들이 모여서 성경 본문에 **내재하는** 전제와 사고방식들을 바탕으로 성경의 일관성을 찾으려 노력했다(비록 성경의 각 저자들과 책들이 그 사고방식들을 각기 다른 언어와 이미지로 표현했지만 말이다). 이들은 *성경 비평과 그 성과를 수용하면서도 성경 속에 신학적 영역을 회복하길 원했다. 비록 어떤 증명 가능한 역사적 사건보다 *구속사가 텍스트 해석의 핵심 열쇠라 할지라도, 역사 가운데 임재하는 하나님의 계시가 이 운동의 중심점이 되었다(두 개념의 차이에 대해서는 개인차가 있을 수 있다). 이들에게 성경 신학은 성경이 어떤 중요성과 지속적인 의미를 가질 수 있는지를 기독교 독자에게 보여 주는 하나의 방법이었다. 이런 성경 신학 운동을 통해 독자는 더욱 '히브리식으로' 생각하게 되었고, 주제와 개념에 집중하게 되었다. 즉 그들은 '성경의 세계'와 성경의 범주에 더 몰입하게 되었고, 추상적 용어나 '그리스적' 범주에 따라 사고하지 않게 된다. 이 운동의 핵심적 논점에 대한 가차 없는 비판이 안팎에서 생겨났으며(내부 비판의 예. *차일즈Brevard Childs), 운동의 영향력은 곧 쇠퇴했다. 하지만 *정경 비평과 같은 최근의 성경 연구 방법론은 '성경적 정신'biblical mentality을 기정 사실화하거나 신구약을 공통된 주제로 엮는 함정에 빠지지 않으면서 동시에 신학적 읽기의 필요성을 되찾아야 한다고 본다.

성경숭배(주의) bibliolatry 성경 광신 성경이라는 **책 자체를 경배하고 우상화할** 정도로 그에 주목하느라, 하나님이 인간 저자를 통해 신적 계시를 전달하신 사건처럼 성경에 대한 더 중요한 문제들을 흐리게 만드는 사람들의 태도를 비판하는 용어.

성문서 Writings 히브리어로는 *케투빔으로 불리는 히브리 *정경의 세 번째 부분. **참조.** *타나크.

성서문자주의 biblicism 성경절대주의 성경과 그에 대한 자신의 문자적 해석에 무비판적으로 의심 없이 집착하는 모습을 묘사하는 경멸 섞인 표현이다.

성서일과 lectionary 성구집 '독자'를 뜻하는 라틴어에서 파생된 단어로, 공적 예배나 개인 경건 생활을 위해 사용하는 성경 구절과 예배에 필요한 자료들을 모아 놓은 것이다. 초기 교회에서 시작된 성서일과는 교회력 및 일반 달력을 기준으로 종종 배열되었으며 그에 맞게 사용된다. 특별히 초기 교회 성서일과는 초기 그리스어 성경 본문을 재구성하기 원하는 학자들에게 유용한 증거 자료를 제공한다.

성찬 Eucharist 성만찬, 성체, 성제품 주의 만찬Lord's Supper을 의미하는 다른 용어. 그리스도의 몸과 피를 위하여 드리는 감사기도thanksgiving를 가리키는 그리스어 동사 εὐχαριστέω유카리스테오에서 파생되었다(참조. 고전 11:23-26). 성례로서의 성찬에 대한 가장 이른 언급은 *디다케 9.1, *이그나티우스(*Phld.*필라델피아 교회에 보내는 서신 4), 순교자 *유스티누스(*Apol.*호교론 1.66)의 글에서 찾아볼 수 있다.

세계관 Weltanschauung '세계관, 삶의 철학, 이데올로기'를 의미하는 독일어 용어. 이 용어는 가끔 성경 연구에서 본문의 문화적·철학적·신학적 관점 전체를 가리키기 위해 사용된다.

센수스 리테랄리스 sensus literalis '문자적 의미'를 의미하는 라틴어 용어. 본문의 문자적 혹은 '평이한' 의미가 어떤 사람에게는 당연해 보일 수 있지만, 이보다 더 성경 해석자를 성가시게 하는 문제는 없다. 18세기 이래 문자적 의미는 본문텍스트이 그 역사적 맥락에서 갖는 '본래'의 의미로 축소되었는데, 이러한 축소적 이해는 성경 읽기를 역사적 작업, 본문의 추정된 본래 상황을 회복하는 작업에 지나지 않게 만들었다. 문제는 본래 상황을 회복하는 작업이 매우 사변적이라는 데 있는데, 이는 그 맥락에 대한 우리의 지식이 계속 바뀌고, 그 맥락에 대한 설명은 더 자주 바뀌기 때문이다. 모든 본문의 평이한 의미는 해석자가 본문을 해석하는 그 맥락에 달려 있다. 여기서 말하는 맥락은 언어학적·역사적 맥락일 수도 있지만, 이 맥락에는 문학적·문화적·신학적 요소가 포함될 수도 있다. 예를 들어 이사야 53장을 해석하는 그리스도인은 예수의 고난과 죽음으로 형성된 기독교적 관점으로 말미암아 유대인과 다른 맥락에서 본문을 해석하게 될 것이다. 또한 그리스도인은 이사야서의 단어들에서, 예수의 죽음과 부활에 대한 믿음이 없는 사람에게는 명백하지 않은 더 많은 내용을 볼 수도 있다. 특히 *차일즈Brevard Childs에 의해 진행되는 이 문제에 대한 최근의 논의들은, 단순히 추정된 본래 상황의 맥락이 아니라, 본문의 범위, 목적, 의도를 '성경으로서' 고려하는 문자적 의미를 회복하려 한다. **참조.** *성경 신학 운동; *정경 비평; *페샤트; *센수스 플레니오르.

센수스 플레니오르 sensus plenior '더 풍성한 의미'를 의미하는 라틴어 용어. 저자는 의도하지 않았을지 몰라도, 다른 성경 본문을 고려하거나(특별히 신약 본문과 기독론적 해석), (하나님에 의해) 교리가 '의도되어' 추가적인 혹은 더 깊은 의미가 본문에 부여되는 경우를 가리킨다. 센수스 플레니오르는 12세기 초에 주로 로마 가톨릭 신학자들이 성경의 의미들을 새롭게 분류하기 위해 노력하다가 만든 개념이다. *센수스 리테랄리스sensus literalis가 문법적이고 역사적인 연구로 축소되었기에, 본문의 피상적인 의미 '이상'의 진리 해석을 가리킬 새로운 분류가 필요했다. 센수스 플레니오르는 후대의 계시나 교회의 가르침을 고려했을 때 의의가 있는 해석에 무게를 실어 주는 시도다.

셈어 Semites 셈족(어) '셈'Shem의 자손들을 라틴어로 번역한 것으로, 셈족과 그들이 사용한 언어(참조. 창 10:21-31)를 가리키는 말. 셈어파는 세 가지 언어 계열로 분류할 수 있다. 동셈어파로는 *아카드어가, 남셈어파로는 주로 아랍어들이, 북서셈어파로는 가나안어, 히브리어, *우가리트어, 아람어가 있다. 셈어는 언어학적으로는 통일성을 갖지만, 문화적으로는 그렇지 않다. 또한 셈어는 여러 업적 중 인류 문명에게 알파벳과 *십계명을 제공하는 업적을 세웠다.

셈어적 표현 Semitism 세미티즘 *셈어(예. 히브리어, 아람어)의 특징을 띠는 단어나 문법 구조를 의미한다. *칠십인경과 신약 성경에서 셈어적 표현을 찾을 수 있는데, 이는 이 시기에 그리스와 셈족 문화가 서로 교차했기 때문이다. 예를 들어 누가복음의 (예수) 탄생기사(눅 1-2장)는 그 셈어적 표현으로 유명하다. **참조.** *아람어 영향; *헬레니즘, 헬레니즘화; *셈어.

소문자 minuscule 본문 (비평) 연구에서 작거나 필기체이거나 '흘림체'인 글자를 가리키는 용어. 이 방식은 9세기부터 10세기까지 널리 쓰이면서 그 전에 사용되던 *대문자uncial 체계를 대체하게 되었다.

소페림 sopherim (혹은 soferim) *제2성전기의 서기관이나 학자(히. סוֹפְרִים, '서기관')를 가리킨다. 소페림은 *토라를 해설하고 *구두 전승의 토라를 보급했다. 이들은 예언자와 바리새인을 잇는 다리 역할을 했으나, 바리새인들이 등장할 때까지 그 존재가 알려지지 않았다. 일반적으로 에스라를 최초의 서기관으로, 대회당(*회당)의 의인 시몬Simon the Just을 마지막 서기관으로 본다.

수난기사 Passion Narrative 수난서사 예수의 고난과 죽음을 둘러싼 사건들에 대한 *복음서의 기술(고난과 죽음을 '수난'으로 표현). 수난기사는 무교절에 유대인들이 예수를 죽이려는 계획을 짜는 것에서 시작하여 예수의 매장으로 끝난다(마 26-27장; 막 14-15장; 눅 22-23장). 많은 *양식 비평학자는 '수난기사'가 예수의 삶 중에서 최초로 기록된 이야기written account라고 본다.

수메르 Sumer, Sumeria *메소포타미아의 가장 남쪽 지방. 많은 학자의 시도에도 불구하고, 뚜렷한 수메르 문화를 구별하는 것은 어렵다. 이 지역은 초창기부터(기원전 3000) 사실상 두 언어를 사용했는데, 하나는 수메르어이고, 다른 하나는 *셈어인 *아카드어였다(실상은 많은 수메르어 단어가 아카드어로 유입됨). 기원전 2000년 중반경 수메르어는 문학이나 종교를 위해 주로 사용되었고, 그에 따라 구약 연구의 배경으로 사용될 수 있는 고대 서아시아근동 텍스트들의 양식이나 *장르genre 이해에 지금까지도 도움을 준다.

수미상관(법)首尾相關- inclusio인클루지오 수미상응구조JMK, 수미쌍관首尾雙關, 수미일치, 포위구조 텍스트를 여는 어구나 생각 단위가 텍스트의 마지막에 반복되는 구조('가두기'connement를 뜻하는 리딘이)를 가리키는 전문 문학 용어. 예를 들어 시편 8편에서 "여호와 우리 주여 주의 이름이 온 땅에 어찌 그리 아름다운지요"가 시작(1절)과 마지막(9절)에 각각 등장하여 이 단어들의 중요성을 보강해 준다(참조. 시 1편; 겔 25:3-7; 암 1:3-5).

수사 비평 rhetorical criticism 독자를 설득하기 위해 사용된 언어 및 문체를 다루는 성경 본문 접근법. 문체, 구조, 비유적 표현은 청자나 독자에게 영향을 미칠 수 있고, 수사 비평학자들은 이야기나 시가 어떤 역사적 배경에 처하는지에 관심을 가지기보다는 이 '수사'가 어떻게 작동하는지에 초점을 맞춘다. 구약에서 *라이트보르트Leitwort나 *라이트모티프Leitmotiv가 이야기 전체에서 반복적으로 나타나거나 다양한 방식으로 사용될 때(예. 가인과 아벨을 다루는 짧은 본문에서 '형제'라는 단어가 일곱 번이나 등장하여 둘 사이의 불온한 증오를 강조함), 이 방법론이 유용하게 쓰인다. 의도거나 의도하지 않은 단어나 심상의 사용(그리고 그 과정에서 거절된 단어나 심상)

이 독자에게 한 인상을 주는 시를 이해할 때도 특별히 유용하다. 예를 들어 미가 2:6-11은 단어 '떨어뜨리다'drip를 여러 형태로 사용하여 예언자를 비웃으며 그의 떨어뜨림/예언을 비난하는 사람을 덫으로 잡는다. 포도주에 대하여 예언하는 비웃는 사람은 그 사람이 백성을 위하여 (단어들을) '떨어뜨릴'drip 것이다(미 2:11). 많은 신약학자(예. 한스 디터 베츠Hans Dieter Betz)는 고대 수사(키케로, 퀸틸리아누스 등)의 범주에 맞게 신약 서신들을 해석하려 해 왔다. 그 **연설 내용의 배열/배치**는 주로 다음과 같다. (1) **서론**(*exordium*introduction), (2) **사실 기술**(*narratio*narration), (3) **주제문**(*propositio*proposition), (4) **입증**(*probation*confirmation), (5) **논증/반증**(*refutatio*refutation), (6) **결론**(*peroratio*conclusion). 수사 비평가는 본문의 단어가 독자에게 미치는 효과, 그리고 독자가 어떤 관점을 가지도록 설득했는지를 중점적으로 본다. (이 항목의 후반부인 신약에 관한 설명은 엄밀하게는 고전 수사 비평Classical Rhetorical Criticism에 해당한다.ⓔ)

수용 본문 Textus Receptus텍스투스 레켑투스 공인 본문 '받은 본문텍스트'을 의미하는 라틴어 용어. 구약학에서는 가끔 16세기에 출판된 야콥 벤 카임Jacob ben Chayyim의 제2대 랍비 성경(the Second Rabbinic Bible; 히. מקראות גדולות미크라오트 그돌롯; Mikraot Gedolot)을 느슨하게 의미하는 단어로도 쓰인다. 이 본문은 *히브리 성경의 *타르굼 혹은 아람어 번역과 가장 중요한 유대교 주석들(*라쉬Rashi, 킴치Kimchi, *이븐 에즈라Ibn Ezra 등의 주석)을 포함한다. 최근의 비평본은 덜 절충적이고 더 신뢰할 수 있는 벤 아셰르 본문Ben Asher(즉 레닌그라덴시스 코덱스Codex Leningradensis; 혹은 레닌그라드-)을 채택한다 (벤 아셰르 본문의 원칙들은 벤 카임의 그것보다 더 일관성 있다). 신약학에서 이 용어는 *에라스무스의 1535년 그리스어 본문을 지칭하는 경우가 제일 많다. 영어로 된 흠정역 성경(AV 혹은 KJV)은 이 수용 본문을 바탕으로 만들어졌다. 수용 본문은 성급한 제작 방식과 오래된 그리스어 사본 대신 후대의 사본에 상대적으로 더 많이 의존한 방식 때문에 두루 비판받는다. **참조.** *본문 비평.

쉐마 Shema 셰마 문자 그대로 '들으라!'를 의미하는 단어로, 유대인의 일일 기도문의 첫 단어이며 제목이다. 이 기도문은 신명기 6:4에 나온다. "이스라엘아 들으라 우리 하나님 여호와는 오직 유일한 여호와이시니." 쉐마는 기도문일 뿐 아니라 유대교 신앙의 신조이기도 하다. 신조의 내용은 다음과 같다. 하나님은 유일하고, 유대인은 계명들을 지켜야 하며, 하나님은 *토라를 지키는 사람에게 상을 주고 지키지 않는 사람에게 벌을 준다. 유대인 아이들은 대개 이 기도문을 통해 첫 단어들을 배운다. 많은 유대교 순교자가 유언으로 이 기도문을 낭독했다.

쉐모네 에스레 Shemoneh Esreh 셰모네- 아미다Amidah로도 불리며, '열여덟 가지 기도문'The Eighteen Benedictions 혹은 일일 기도문이다. 1세기까지 거슬러 올라가며, 유대교인들이 아마 회당에서 사용했을 것이다. (히브리어 18=8+10 שמנה עשרה를 뜻함.ⓒ)

쉐키나 shekinah 셰키나 하나님의 영광이나 임재를 뜻하는 용어로, 특별히 예루살렘에 있던 하나님의 '거룩한 처소'에서의 영광이나 임재를 가리킨다. 단어 שׁכינה는 히브리어이지만 성경에 나오는 단어는 아니다. 랍비들이 하나님과 이스라엘의 관계를 강조하기 위해 사용했다.

슈바이처, 알베르트 Schweitzer, Albert (1875-1965) 철학자, 신학자, 의사, 음악가, 성서학자. 그는 그의 획기적인 책 *Von Reimarus zu Wrede: Eine Geschichte der Leben-Jesu-Forschung*라이마루스에서 브레데까지: 예수 생애 연구의 역사(1906; *The Quest of the Historical Jesus*역사적 예수에 대한 탐구, 1910; 『예수 생애 연구사』, 기독교서회, 1995; 본서는 당시까지 출간된 예수 연구를 총망라해서 분석한 뒤 역사적 예수 연구에 대한 사실상 파산 선고를 내린 책이라는 평가를 받는다SYK)과, 아프리카(가봉)의 랑바레네Lambaréné에서의 의료 선교로 유명하다. 슈바이처에 의하면 예수는 자신을 역사의 종말을 개시하도록usher 하나님에게 선택받은 *묵시적apocalyptic 예언자로 착각했다. 하지만 슈바이처의 이론에 따르면 예수는 이 사명에 실패했고, 환상을 잃은 순교자로 자발적으로 목숨을 내놓았다.

슈트라우스, 다피트 프리드리히 Strauß, David Friedrich (1808-1874)

논란의 대상이었던 독일의 개신교 신학자. 슈트라우스의 뛰어나고 도발적인 책 *Das Leben Jesu, kritisch bearbeitet*비판적으로 다룬 예수의 생애[1835-1836; *Life of Jesus, Critically Examined* (1846); 독일어 원서는 총 2권, 영어판은 총 3권으로 출간됨. 영어판은 영국의 소설가 조지 엘리엇George Eliot이 초역함ⓒ]는 특히 *복음서에 나오는 모든 초자연적인 것(기적, 천사, 악마)을 *신화로 정의하여 많은 논쟁을 야기했다. 그의 발의에 대한 좋지 않은 평판 때문에 그는 튀빙겐 대학교의 개신교 신학부에서 고전학부로, 또 거기서 취리히 대학교로 전출 당했으며, 결국은 자신의 신학을 버렸다. **참조.** *불트만, 루돌프.

슐라이어마허, 프리드리히 다니엘 에른스트 Schleiermacher, Friedrich Daniel Ernst (1768-1834) 현대 신학 혹은 자유주의 신학의 아버지로 자주 불리는 독일 학자. [대표작: *Der christliche Glaube* (1821-1822. 2판 1830-1831); *Christian Faith*; 『기독교 신앙』, 한길사, 2006(1판을 번역한 것이다)]. 슐라이어마허는 이성적 근거로 종교를 거부한 사람들에게 경험을 통해 신비주의적이고 심리적인 하나님을 받아들이도록 격려했다. 그는 종교를 주관적인 '의존 감정'feeling of dependency으로 환원했다는 비판을 받는다.

스올 Sheol 저승, 음부 죽은 사람의 거처. 스올은 죽은 사람의 거처를 가리키는 단어 중 구약에서 가장 일반적으로 쓰인다. 이스라엘 주위의 다른 문화권 문헌에서는 이 단어가 발견되지 않는다. 구약에서 죽은 사람은 "구덩이"(사 14:15)와 "그림자"의 장소(욥 26:5)로 내려간다. 스올에서 모든 사람은 평등하며(욥 3:11-19), 그중 한 명도 돌아오지 못한다(욥 7:9). 죽어서 스올에 있는 사람은 하나님을 찬양하지 못한다(시 6:5). 죽음, 무덤, 스올, 심판, 죽음 뒤의 삶은 성경 속 현실이지만 그 내용이 세부적으로 전개되지는 않는다. 하지만 신약은 예수 부활의 관점에서 내세에 대해 더 많이 다룬다. 그러나 신약의 저자들도 그에 대해 짧고 암시적인 해설만 제공할 뿐, (성경 외 유대교 문헌에 비하면) 온전히 발달된 내용을 전달하지는 않는다.

시대착오(적 오류) anachronism 어떤 사람 또는 어떤 것을 본래 속한 시대가 아닌 다른 시대의 것으로 잘못 간주하는 오류. (그리스어에서 '무언가에 반하여'를 의미하는 ἀνα아나 와 '시간'을 의미하는 χρόνος크로노스의 합성어.)● 예를 들어,●● 고대 그리스인과 로마인은 일반적으로 선물을 받을 만한 자격이 있는 사람을 신중히 선택해서 선물을 주었다. 선물을 주는 이는 보통 그 대가를 되돌려 받기를 기대했다. 우정도 이와 비슷하다. 현대인에게 우정은 감정적 요소가 매우 강하지만, 고대 그리스인과 로마인은 우정을 감정이나 애착보다는 현실적인 도움을 주고받는 관계로 보는 경향이 강했다. (물론 그들의 우정에 애정이라는 요소가 없었던 것은 아니다.) 따라서, 조건 없이 주는 것만이 선물(그리고 기독교적으로 말하면 '순전한 은혜')이라는 생각과, '계산을 따지지 않는 막역한 사이'로서의 우정이라는 개념을 가지고 성경을 읽으면 시대착오적 오류를 범할 수 있다. 또 다른 예를 들면, 현대인은 성적 지향성sexual orientation이라는 틀에서 이성애, 동성애, 양성애, 무성애 등을 이야기하지만, 고대 로마인들에게는 이러한 '성적 지향'성이라는 개념 자체가 없었기 때문에 성적 지향성이라는 관점에서 신약 성경을 읽으면 시대착오적 오류에 빠질 수 있다. 로마 시민권을 가진 자유인 출신 성인 남성은 상대를 가리지 않고 성적 충동을 느끼며 성행위를 할 수 있었다. 단, 로마 자유인 성인 남성이 피삽입자가 되는 것은 수치스러운 것으로 간주되었고, 자유인 성인 남성과 자유인 소년과의 성교도 피해야 할 일로 여겼다. 당시의 성적 관행은 능동적 삽입자와 피동적 피삽입자 사이의 행위로 이해되었다.

시온 Zion 다윗 및 성전과 연관된 예루살렘 도시의 산. 시온에는 풍성한 상징과 신학이 있다. 시온에서 하나님은 자신의 임재를 성전에서 시각적으로 알려 주기로 선택했고, 성전 건축은 창세기 1장에서 나타난 창조의 본성을 드러낸다. 시온은 이스라엘과 나라들뿐 아니라, 우주 자체를 향한 하나님의 주권을 증언한다. 하나님은 바로 시온에

● 출처: *Pocket Dictionary for the Study of NT Greek*. 허락을 받고 사용함.
●● 이어지는 두 예는 SYK가 제시함.ⓒ

서 지구 상의 민족들에게 *토라를 가르친다(사 2:2-3; 미 4:1-2). 시온에서 신성한 시간(안식일)과 신성한 장소(성전)가 합쳐진다(참조. 시 132:13-14). 시편은 시온에 대한 노래(혹은 *찬송시hymn)를 포함한다(참조. 시 46편; 48편; 76편; 84편; 122편; 132편; 147편).

시편(집) Psalter 시편 모음, 시편 권 모든 시편을 모아놓은 시편집을 말한다. 시편(집)은 다섯 권으로 나눌 수 있다. 1-41편(제1권), 42-72편(제2권), 73-89편(제3권), 90-106편(제4권), 107-150편(제5권).●●●

신구약 중간기 *중간기(, 신구약)를 보라.

신명기 사가史家 Deuteronomist 신명기 저자, 신명기 기자 *오경 *문서설에 의하면, 오경의 D자료를 쓴 저자(들)이다. D자료는 본질적으로 신명기로 이루어져 있으나, 그 관점은 여호수아기, 사사기, 사무엘기, 열왕기에서도 찾을 수 있다. 이 자료는 기원전 721년 사마리아 몰락 이전 북왕국, 그중에서도 예언자 사회에 퍼져 있던 전승들을 보존한 것으로 추정되며, *바빌론 유배流配 시대까지는 글로 작성되지 않았다. 소위 D자료로 불리는 문서는 고도로 수사적인 형식을 사용하여 장황하고, *권면paraenetic의 특징을 갖고 있으며, 하나님의 백성으로 하여금 *언약 관계에 있는 하나님에게 정결한 예배와 사랑의 순종을 바치도록 권고한다. **참조.** *신명기계 역사(서); *문서설.

신명기계 역사(서) Deuteronomistic History 신명기(학)파- 약어 DtrH. 독일어 DtrGDeuteronomistisches Geschichtswerk. 신명기 및 여호수아기, 사사기, 사무엘기, 열왕기(*전기 예언서)에서 나타난 이스라엘의 역사의 작가(들)이 쓴 것을 가리키는 용어. 마르틴 *노트Martin Noth는 이 책들의 문체와 주제들이 흡사하다는 점을 근거로 저자는 한 사람이라고 주장했다(반대로 *자료 비평에 의하면, 여러 명의 저자가 있었다고 가정하기도 한다. 혹은 전통적으로는 사무엘과 예레미야가 여호수아기부터 열왕기까지 저술했다고 본다). 이 견해를 따르는 학자

●●● 한국어에서는 흔히 시편Psalm이라 부르면서 실은 시편집을 가리키는 경우가 많으나 정확하게 구분하자면 시편은 개개의 시편을 가리킨다. 특히 가톨릭이나 성공회의 경우에는 시편집이 예전서에도 포함되어 있어 이 부분을 가리키는 용어로도 쓰인다.ⓒ

들은 이제 한 명의 저자 대신 '신명기학파'에 대해 주로 이야기하지만, 여전히 그 단일성과 신학적 관점에 충실하다. 이 관점에 의하면 신명기계 사가史家는 신명기에 상세히 설명된 *언약에 대한 순종과 불순종의 시각으로 이스라엘의 역사를 해석했으며, 이러한 원칙에 따라 자료를 선정했다. **참조.** *문서설.

신명사(문)자神名四文字 Tetragrammaton 유대교에서 하나님을 부르는 네 글자 이름(그리스어 Τετραγράμματον테트라그람마톤은 '네 글자로 된 단어'를 의미). 유대교 전통에서 거룩한 하나님의 이름을 발음하지 않으며, '네 글자'는 모음없이 YHWH יהוה로 표기한다. 오늘날의 유대교 본문에서는 네 글자를 쓰는 대신, 하나님을 대개 영어로는 'G-d', 히브리어로는 Ṭēt-Vav[즉, 히브리어에서는 Yōd-Hē (הי, 10-5)를 사용하지 않고, 9-6으로 값이 같은 טו를 사용함ⓒ]나, '그 이름'을 뜻하는 하셈HaShem, השם으로 표기하며, 주로 '주'를 뜻하는 단어와 똑같이 아도나이Adonai, אדני로 발음한다. **참조.** *야훼.

신비 mystery 감추어졌던 것 신약에서 이전에는 감추어졌으나 이제는 하나님의 구원 행위의 일부로 드러난 것을 가리킨다(그리스어 μυστήριον뮈스테리온에서 파생). 이 단어는 신약에서 특히 바울 서신에서 나타나며, 대다수가 이방인 구원과 이 신비(비밀)를 드러내는 바울의 사도적 역할을 직접적으로 다룬다. 예를 들어 에베소서 3:3은 "계시로 내게 비밀을 알게 하신 것"이라고 기록한다(롬 16:25; 엡 3:9; 골 1:26-27도 참조).

신비종교 mystery religions (입문 제의가 중심이 되기에) **입문종교**입문, 밀의종교, 비밀종교 기원전 8세기부터 기원후 4세기까지 만연했던 고대 종교 제의와 종교혼합주의적 경향이나 관습을 가리키는 이름. 단어 '신비'mystery는 제의 집단이 행했던 비밀 의식에서 파생되었다. 그리스-로마 시대에 특별히 유행했던 엘레우시스Eleusinian, 디오니소스Dionysiac, 미트라교(*미트라Mithra), 이시스Isis, 오시리스Osiris 신비종교 등이 있었다. 학자들은 오랜 기간 신비종교와 기독교 신앙의 관계에 대해 논의해 왔는데, 이는 신비종교가 기원후 몇 세기 동안 엄청난 인기를 누렸으며, 둘이 비슷한 의식과 단어를 사용했기 때문이다. [근래 여러 학자들은, 신비종교 역시 넓게 보면 고대 그리스 종교나 로마 종교 체계 안에서 존재하는 (따라서 그것과 배타적인 관계에 있지 않은) 제의cult에 가깝다는 판단을 해서, 신비 제의the mystery cults, 혹은 그냥 신비들the mysteries 정도로 쓴다. 첫 글자 m은 대문자로 쓸 때도 있고 소문자로 쓰기도 하는데, 의미의 차이는 없다.ᴅʜᴊ] **참조.** *종교사학파.

신인 divine man 기적, 치유, 축귀 등으로 명백히 드러나는 초자연적 능력을 가진 사람 혹은 영적 지도자. 고대 메소포타미아 세계에 속했던 신피타고라스학파 철학자인 티아나의 아폴로니오스Apollonius of Tyana(98년경 사망)는 이런 류의 사람, 즉 θεῖος ἀνήρ*테이오스 아네르의 전형이 되었다. 후에 그의 고결한 삶과 태도에 대한 과장된 표현들은 기독교 반대자들이 예수와 그를 비교할 때 종종 사용되었다. 신약학자들의 '신인 기독론'은 주로 예수의 인격과 사역에서 드러난 기적적인 능력들에 초점을 둔다. **참조.** *영웅적 덕행.

신인동성론 anthropopathism 신인동감론, 신인동정론 ***신인동형론**을 보라.

신인동형론 anthropomorphism 의인관, 의인주의, 인격화 성경과 신학에서 하나님에 대해 말하는 방식으로, 인간의 특징이나 감정을 하나님에게 속한 것처럼 묘사한다(특별히 인간의 감정을 차용하는 경우를 '신인동성론'anthropopathism이라 함). 예를 들어 하나님의 "오른팔", 하늘에 "앉아 있는" 하나님, "웃고 있는" 하나님과 같은 표현을 대개 신인동형으로 여기며, 이는 하나님에 대한 '원시적' 사고를 드러낸다. 하지만 신인동형론은 하나님의 내재성을 나타내는 언어로, 하나님은 가까이 있으며 하나님이 자신의 피조물과 관련되어 있다는 것을 보여 준다고 볼 수 있다. 그러므로 바람 불 때 하나님이 동산을 "거니는" 모습은(창 3:8) 하나님에게 인간의 형태를 대입하는 방식이 아니라, 하나님이 이 세상에 **개입**involvement한다는 것을 보여 준다. 신인동성론의 경우(예: 하나님의 웃음이나 분노), 하나님을 '비이성적'('감정 폭발')으로 묘사하지 않고, 대신 인간 행동에 대한 하나님의 반응이자 하나님이 피조물을 향해 가진 의도의 일부로 여긴다.

어떤 의미에서 하나님은 어떤 생각이나 행동을 진심으로 '웃습다'고 보거나 '진노'의 원인으로 여기는 것 같다(참조. 시 2:4-5). 신인동형론의 문제는 "하나님이 말한다" 혹은 "하나님이 듣는다"는 표현이 무엇을 의미하는가에서 발생한다. 하나님에게 성대와 귀가 있다는 뜻일까? 아니면 하나님과 사람이 주고받는 말하기와 듣기를 통해 정의된 둘의 관계를 반영한다고 봐야 할까? **참조.** 은유.

신조 credo, creed 신경 주로 신자 공동체의 *제의/종교적 삶에서 비롯된 신앙에 대한 공식적인 혹은 고백적인 진술(라틴어 *credo*는 '나는 믿는다'를 뜻함). 구약에서는 요약된 형태의 신조들이 출애굽, 약속의 땅 정복, 시내산 *언약 같은 주제들을 중심으로 전개된다(예. 신 6:1-11, 20-24; 20:5-9; 수 24:2b-13; 삼상 12:8; 시 78편; 105편; 135편; 136편). 신명기 26:5("내 조상은 방랑하는 아람 사람으로서 애굽에 내려가 거기에서 소수로 거류했더니 거기에서 크고 강하고 번성한 민족이 되었[다]")은 구약에서 가장 오래된 신조로 여겨진다. 신약에서는 신조가 고정된 형식구들formulas로 몇몇 곳에 나타나는데, 그 예로 고린도전서 15:3-5이 있다("내가 받은 것을 먼저 너희에게 전하였노니 이는 성경대로 그리스도께서 우리 죄를 위하여 죽으시고 장사 지낸 바 되셨다가 성경대로 사흘 만에 다시 살아나사 게바에게 보이시고 후에 열두 제자에게와…"; 참조. 빌 2:5-11; 딤전 3:16).

신화 myth 하나의 이야기로, 이 이야기는 주로 초자연적인 존재의 행동을 다루며, 세상이 지금의 형태를 띠게 된 이유를 설명해 주며, 그 해당 세상(사회) 속에 사람들이 살아가며 지켜야 하는 규칙들의 논리적 근거를 확립한다. 고전 그리스 시대에 신화는 사실 여부와 관계없이 단순한 이야기나 줄거리를 일컬었으나, 현대의 대중적인 용법에서는 기껏해야 상상의 이야기로, 일반적으로는 허위라는 의미로 쓰인다. '신화'는 학자들에게 중요한 용어가 되었으나 다양한 방식으로 쓰이기 때문에 각 학자가 어떤 의미를 지지하는지를 잘 살펴야 한다(여러 가능성 중 신화는 상상 속 세계를 통해 거짓되었거나 심지어 현실적이라고 널리 알려진 내용을 다루는 문학 원형이

될 수 있다). 따라서 성경이 얼마나 신화를 포함하는지는 이 용어에 정확히 어떤 의미를 부여하는지에 달렸다. 예를 들어 '하나님의 아들들'이 '사람의 딸들'을 아내로 삼는 이야기(창 6:1-4)를 똑같이 신화로 보더라도 다르게 해석할 수 있다. 혹자는 이를 신이 사람과 결혼하는 비현실적인 이야기로, 혹자는 이를 뿌리 깊은 이 세상 속 악의 실재와 사람이 그 악에 참여할 수 있는 능력을 다루는 이야기로 여겼다. 또 어떤 사람들은 이를 고대 왕이 행사했던 '초야권'right of the first night에 대한 역사적 언급으로 이해했다. *차일즈Brevard S. Childs는 성경 속에 '깨진 신화'broken myth가 존재한다고 주장하며, 구약의 현실에서 나타나는 하나님의 구속 행위는 (실재가 초월적인 하나님의 행위가 아닌 자연 작용 속에 있다고 하는) 신화와 다르다고 했다(*Myth and Reality in the Old Testament*구약에서 나타난 신화와 실재, 1960). 학자에 따라 이 용어를 사용할 때 경멸적인derogatory 의미를 내포할 수 있기 때문에, 어떤 의미로 해당 학자가 사용하는지를 주의 깊게 살필 필요가 있다.

신화 의례 학파 Myth and Ritual School (특별히 고대 서아시아근동의 종교들을 기초로 한 근본적인 원형들을 중심으로 삼은) 비교 종교학을 바탕으로 구약의 텍스트를 설명하려는 접근법으로 대표되는 학파. 이 학파는 영국 인류학자들의 관심사와 저술로 말미암아 생성되었으며, 특별히 웁살라학파Uppsala school의 스칸디나비아 학자들이 이를 차용하여 그 이론을 발전시켰다. 이 접근법에 의하면 구약의 많은 부분을 이해하는 데 있어 *제의cult가 핵심적인 역할을 하며, 구체적으로 교리, 또는 심지어 도덕적인 관심보다도 제의의 관습이나 관점이 종교 텍스트들을 형성하는 기초가 되었다. 따라서 제의 의례rituals of the cult는 사람들의 안녕을 강화했고, 사람들은 제의 속에서 이야기들(*신화들)을 낭독함으로써 독창적이고 시기적절한 자극을 주는 의례가 되게 했다. 예를 들어, *모빙켈Sigmund Mowinckel은 단순히 문학 양식만을 기초로 하지 않고, 구체적인 이스라엘의 축제(새해; *즉위enthronement 등)들을 참고하여 여러 시편을 설명했다(**참조.** *양식 비평). 이 학파는 이스라엘의 당시 문화 환경 속에서 그들의 의례rite와 축제 가운데서 이해할 때만 그들에 대한 '참된 그림'을 얻을 수 있다고 주장한다. **참조.** *종교사학파.

실현된 종말론 ***종말론, 실현된**을 보라.

십계명 Decalogue 데칼로그 그리스어 δέκα λόγοι데카 로고이라는 문자 자체는 '열가지 말(씀)'을 의미하지만, 일반적으로는 '십계명'the Ten Commandments으로 알려져 있다. 출애굽기 20:1-17과 (조금 변형되어) 신명기 5:6-21에 있으며, *토라의 결정체로 등장하는, 짧은, 주로 부정否定형의 명령이다. 십계명은 서양 철학과 윤리 사고에 큰 영향을 미쳤다. 하지만 사실 그 목적은 출애굽 이후 시내산에서 하나님이 자신의 백성과 맺은 *언약 관계 속에서 그들에게 정체성을 주는 데 있었다. 십계명의 특성으로는 여러 가지가 있겠지만, 그중 *오경에 등장하는 다른 법들과는 달리, 모세를 거치지 않고 하나님이 바로 자신의 백성에게 전했다는 점이 주목할 만하다. 또 다른 특이점은 이 명령들에 붙여진 이름 '십계명'이다. 단어 '십계명'은 출애굽기 34:2에 나오는 히브리어에서 파생되었다(히브리어 עֲשֶׂרֶת הַדְּבָרוֹת아세렛 하디브롯, 미쉬나 히브리어 עשרת הדברות아세렛 하디브롯, 열 가지 말씀들). 십계명의 특징으로는 명령의 짧고 부정적인 성질("너는…하지 말라"), 2인칭 명령, 어겼을 때 어떤 처벌을 받는지를 언급하지 않는 점 등이 있다. 십계명에 번호를 매기는 방식은 신앙 공동체마다 다르다. 또한 십계명은 추상적인 윤리 법전이 아닌 하나님의 의지를 표현한 것이며 그가 준 선물로 묘사된다. **참조.** *정언(명)법; *결의법.

십계명 Ten Commandments ***십계명**을 보라.

십자가 신학 theologia crucis 마르틴 루터가 그리스도의 고난과 십자가에서 나타난 하나님의 신적 자기 계시를 강조하기 위해 사용한 용어(문자 그대로 '십자가의 신학'을 의미).

쐐기꼴/형 문자 cuneiform 설형 문자 갈대로 만든 도구로 찰흙이나 밀랍 서판에 기호나 음절을 상징하는 '쐐기'(라. *cuneus*) 형태를 새겨 표기하는 방식. 기원전 3100년경에 시작된 고대 지중해 문화권 전역에 걸친 표준 글쓰기 방법이었다. 알파벳 형태의 글쓰기가 대략 기원전 1700년에 나타났음에도 쐐기꼴 문자는 기원전 1세기까지 사용되었다. 고대 서아시아근동의 역사와 전통 중 많은 부분이 쐐기꼴 문자로 기록된 텍스트로 보전되었다. **참조.** *상형 문자.

아가다 aggadah *하가다를 보라.

아고라 agora 광장 주로 '장터'로 번역하는 고대 그리스 도시의 중앙 광장. 광장 주위에는 공공 건물, 신전, 가게 등이 있었다. 많은 사람이 사업, 물건 구매, 여가, 공적 모임 등의 이유로 아고라로 모였기에, 복음을 선포하기에 딱 맞는 장소였다(참조. 행 16:19; 17:17).

아그라폰 agraphon 예수가 한 말이라고 볼 수 있지만 *정경 복음서에는 없는 '성문화되지 않은 어록'을 가리키는 그리스어 용어(ἄγραφον; 복. ἄγραφα아그라파). 신약 성경의 사도행전 20:35에서 그 예를 찾을 수 있다("또 주 예수께서 친히 말씀하신 바 '주는 것이 받는 것보다 복이 있다' 하심을 기억하여야 할지니라"). 또 다른 예로는 고린도전서 11:24-25, 누가복음 6:5의 한 이문, 도마복음이나 빌립복음 같은 신약 위경 본문들 중 아그라폰이라 볼 수 있는 어록들, 몇몇 *파피루스 조각이 있다.

아람어 영향(현상) Aramaism아라마이즘 아람어가 그리스어 텍스트의 언어, 양식, 내용에 끼친 영향을 가리킨다. 신약 속 아람어(혹은 *셈어)의 영향은 예수의 비유와 구약의 이야기 및 개념을 해석하는 데서(*미드라쉬) 찾을 수 있다 (예. 눅 24:21에서 '해방'의 주제를 발견할 수 있으며, 모세가 '이스라엘을 자유롭게' 했다는 미드라쉬를 연상할 수 있다.). 특히 '아버지'를 뜻하는 아바(예. 막 14:36; 롬 8:15; 갈 4:6)나 아람어 이름인 다비다(참조. 행 9:36)와 같은 용어 사용에서 아람어 영향이 선명히 나타난다. **참조.** *마라나타; *셈어적 표현.

아리스테아스의 편지 Letter of Aristeas 구약 성경을 그리스어로 번역하는 과정을 설명한 것으로 널리 알려진 문서. 편지의 저자 아리스테아스는 아마도 기원전 3세기에 알렉산드리아에 거주하던 유대인이었을 것이다. 그의 형제 필로크라테스Philocrates가 받은 이 편지에는 당시 이집트 왕이었던 프톨레마이오스 2세 필라델포스Ptolemy II가 이스라엘 각 지파에서 여섯 명을 뽑아 만든 72명의 대표단에게 자신의 도서관을 위한 율법(*토라) 번역을 지시한 내용이 등장한다. 이 도서관에는 세계 각지에서 온 책이 있었다고 한다. 이 편지에 의하면, 구약 성경 번역은 72일 만에 완료되었고 참가한 모든 번역자가 최종 번역본에 찬성했다. 이야기 속에는 많은 이상적인 요소가 있지만, 그리스어로 번역된 구약 성경은 알렉산드리아에 사는 그리스어권 유대인의 많은 필요를 충족시켜 주었다. 칠십인경은 실제로는 기원전 3세기에 시작되어 기원후 1세기가 되어서야 완성되었다. **참조.** *위경; *칠십인경.

아마르나 토판 Amarna tablets -서판 나일강 기슭 텔 엘-아마르나에서 발견되었으며 주로 외교 서신으로 이루어진 *쐐기꼴 문자 토판(들). 1887년에 어느 여성이 비료 거리를 찾으려고 진흙을 파다가 발견했다. 아크나톤Akhenaton 재위 기간(기원전 약 1350-1334)에 쓰인 것으로 추정되는 이 토판(들)은 이스라엘 민족이 이집트로부터 가나안과 시리아에 도달하기 이전을 포함한 고대 서아시아근동의 정치, 사회, 경제 생활을 보여 준다. 이 토판에 대한 성서학자들의 주된 관심은 후기 청동기 시대(기원전 1550-1200)에 가나안에 살았던(히브리인이라고 보는 견해도 있는) 아피루Apiru라는 사람들에게 있다. 하지만 아피루는 민족보다는 사회 계층의 개념으로, 무법자나 일종의 난민 집단을 가리켰을 가능성이 더 높다.

아메네모페의 교훈 Instruction of Amenemope 이집트 신왕국Egyptian New Kingdom(기원전 약 1567-1085)의 *교훈적 텍스트. 이 텍스트는 정치적 수완의 개발 대신 겸손하고 훈련된 품행의 개발을 칭송한다. 많은 학자는 잠언 22:17-23:11이 아메네모페의 교훈에서 나온 것이라 여긴다. 비록 둘의 문체나 표현은 상당히 흡사하지만, 성경 속 잠언은 이집트의 가르침 대신 이스라엘의 믿음이라는 맥락 속에서 기록되었다. 예를 들어 잠언에는 있는 "약한 자를 탈취"하거나 "곤고한 자를 압제"해서는 안 되는 이유가("여호와께서 신원하여 주시고", 22:23), 이 텍스트에는 없다. [성경에 나타나는 명령의 특징 중 하나는 '동기절'motive clause로, 이는 명령의 이유를 제시함으로써 이행할 수 있는 수단을 제공한다(**참조.** *토라)].

아모라임 Amoraim 3세기와 6세기 사이에 팔레스타인과 바빌론에서 활동한 *랍비 교사들의 칭호(히브리어로 '연설가' 혹은 '해석가'를 의미). 이들은 *미쉬나의 권위를 인정하여 의사 결정의 기준으로 삼았으며, 미쉬나에 실려 있는 논의를 설명하려 노력했다. 아모라임의 해석은 (70년에 파괴된) 성전 예배 중심의 유대교 사상을 *제의 대신 기도와 도덕성을 강조하면서 회당과 가정에서 드리는 예배 중심으로 바꾸어 놓았다.

아세라 Asherah 아세라타 가나안 모신母神: mother goddess의 이름으로, 엘El 신의 배우자이자 바알 신에 대응하는 짝. 바빌론에서는 '관능의 여인'으로 이름을 날렸고, 다른 곳에서는 자신의 성욕으로 유명했다. 성경에서 아세라는 주로 금지된 *제의 관습(참조. 출 34:13), 특히 신전 창기 제도cultic prostitution(참조. 호 4:12-14)와 연관된 나무나 목상과 관련하여 등장한다. 예언자가 아세라 숭배를 비난하는 모습은 이스라엘 역사 내내 그 관습이 유혹으로 자리했다는 증거다.

아우구스티누스 Augustinus, Augustine (354-430) 아우구스티노, 어거스틴 아우구스티누스는 395년부터 430년까지 북아프리카 히포 레기우스의 감독을 지냈다(지금은 알제리의 안나바Annaba). 그는 *Confessiones*(*Confessions*, 『고백록』, 대한기독교서회, 2019), *De Doctrina Christiana*(*On Christian Doctrine*, 『그리스도교 교양』, 분도출판사, 2011), *De Civitate Dei*하나님의 도성(*The City of God*, 『신국론 1, 2, 3』, 분도출판사, 2004)와 같은 중요한 저서들을 썼을 뿐 아니라, *아타나시우스와 함께 397년에 열린 제3차 *카르타고 공의회가 채택한 *정경의 경계를 세우는 데 기여했다. 사람들은 그의 방대한 지성, 영적 통찰력, 기독교 진리에 대한 설명 등으로 말미암아 그를 "라틴어권에서 가장 비상한 인물"이라 칭해 왔다.

아우구스티누스 가설 Augustinian Hypothesis 현재 정경에서 나타난 복음서 나열 순서(마태, 마가, 누가, 요한)가 실제로 복음서가 작성된 시간적 순서와 일치한다는 *아우구스티누스의 견해.

아이히로트, 발터 Eichrodt, Walther (1890-1978) 구약 신학의 정통성을 재확립하려 했던 독일의 구약학자. 아이히로트는 종합적이며 일관성 있는 구약 신앙을 그려 내기 위해 문학, 역사 비평 연구 방법에 체계적인 원칙들을 적용했다. 아이히로트에 의하면 (*역사 비평의 이의 제기로 말미암아 희미해진) 구약 신앙의 통일성은 *언약 개념에서 찾을 수 있다. 세 부분(하나님과 이스라엘 백성, 하나님과 세계, 하나님과 인간)으로 구성된 그의 *Theologie des Alten Testaments*(전 3권, 1933-1939; *Theology of the Old Testament*, 전 3권, 1961, 1967;『구약 성서 신학』, 크리스천다이제스트, 1994)은 *성경 신학 운동에서 탄생한 신학에서 가장 영향력 있는 작품 중 하나로 여겨진다. **참조.** *폰 라트.

아이히호른, 요한 고트프리트 Eichhorn, Johann Gottfried (1752-1827) 현대 성경 '개론'의 아버지. 아이히호른은 구약, 신약, *셈어 및 그 문학, 세계사에 대한 문화를 가르쳤다. 성경 속에 있는 신적 계시 개념을 받아들이면서도 현대 지식을 통해 그 계시를 해석할 권리를 남겨 두었다. 그는 전통적인 *정경 순서를 따르는 대신, 문헌이 발전하는 과정을 역사적으로 추적하는 새로운 *역사 비평 방법론을 성경에 사용했다.

아카드어 Akkadian 주로 도시 국가 아카드Akkad. 악갓(창 10:10)가 위치했던 남부 메소포타미아 지역에 살았던 셈족의 언어를 가리킨다. 아카드어는 또한 일반적으로 바빌론과 아시리아의 방언으로 사용되었다. 쐐기꼴 문자를 차용하여 만든 언어다. 결국 아카드어는 더 오래된 수메르 언어를 대체했고, 수메르 언어는 서기관 학교에서만 쓰이게 되었다. 아카드어 텍스트는 기원전 3000년경부터 시작하여 기원전 1000년경까지 그 연도가 추정되는 것들이 발견되었다.

아케다 Aqedah 그 결박 창세기 22장에서 아브라함이 이삭을 "번제로 드리는" 이야기와 그에 대한 해석들을 가리키는 *랍비 용어(히. הָעֲקֵדָה하-아케다, 그 결박, the binding). 이 이야기에서 하나님은 아브라함의 믿음과 인내를 시험하기 위해 외아들 이삭을 모리아산에서 번제로 바치라고 명령한다. 아브라함은 이 극단적인 시험을 순종으로 통과했고, 아브라함의 복은 순종 자체가 아니라 인간의 순종이 가진 가치에 대한 인정과 약속의 재확인을 통해 다시 서술된다(창 22:15-18). 이 이야기는 유대교, 기독교, 이슬람교 내에서 풍부한 전통을 갖고 있으며, 순종, 순교, 하나님의 섭리와 같이 다양한 주제를 다루는 신학적 성찰의 재료가 된다.

아퀴나스, 토마스 Aquinas, Thomas (1225-1274) 중세 이탈리아 신학자이자 도미니코회 수도사. 그의 *Summa Theologica*(『신학 대전』, 바오로딸, 1985-)는 아리스토텔레스 철학과 기독교 신앙의 종합체로, 이 책에 담겨 있는 그의 체계화된 신학은 로마 가톨릭 교회가 공식적으로 받아들인 가르침이 되었다. 또한 아퀴나스의 성경 관련 연구는 그의 신·구약 설교, 해설, 주석에 드러나 있다.

아타나시우스 Athanasius (약 296-373) 초기 교회 신학자이자 호교론자로, 알렉산드리아 *교리문답 학교에서 훈련을 받았다. 아리우스의 이단 교리에 반대한 것으로 주로 알려졌지만, 사실 여러 가지 중요한 성경 해석 원칙들을 발전시켰다. 367년 연초인 주현절에 알렉산드리아의 감독으로서 그는 39번째 축서(*Epistula festalis* xxxix, *The 39th Festal Letter*, 『아타나시오스의 부활절 편지』, 인문과고전, 2009)의 많은 부분을 할애하여, 매년 그렇듯이 그가 담당한 교회들에게 그해의 부활절의 날짜를 고지하면서(이렇게 함으로써 연간 교회 절기일자가 모두 확정되는 부수적인 효과가 있었다ⓒ) 더불어 *정경에 포함시킬 신·구약 목록을 알려 주었다. 아타나시우스의 이 목록이 397년에 열린 제3차 *카르타고 공의회에서 정경으로 채택되었다.

아포리아 aporia 복음서의 *자료 비평 방법을 사용할 때 등장하는 전문 용어로, 저자가 다른 자료에서 가져온 내용들을 하나의 문서로 통합할 때 생기는 갑작스러운 장면 전환이나 일관성 없는 구조structural inconsistencies를 가리킨다(그리스어 ἀπορία는 길 없음, 즉 막다른 골목을 뜻함ⓒ). 어떤 해석가들은 예수의 고별 담론(요 14-16장)에서 이런 종류의 구조 전환을 수차례 발견할 수 있다고 본다.

아포리즘 aphorism 금언, 격언, 경구 (그리스어 ἀφορισμός아포리스모스의 문자적 의미인) 간단한 정의나 진술, 간결한 말이나 형식구로 표현한 진리를 가리킨다. 성경 속 아포리즘의 예로는 "마땅히 행할 길을 아이에게 가르치라 그리하면 늙어도 그것을 떠나지 아니하리라"(잠 22:6)와 "네 보물 있는 그곳에는 네 마음도 있느니라"(마 6:21)를 들 수 있다. **참조.** *격언.

아포프테그마 apophthegma 논쟁사화, 상황어 '자기 의견에 대해 자유롭게 이야기하기'를 뜻하는 그리스어 ἀπόφθεγμα를 음역한 독일어 신약학 용어(복. αποφθέγματα아포프테그마타; 영. apophthegm). 루돌프 *불트만Rudolf Bultmann이 사용한 이 용어는 복음서 연구(특별히 *양식 비평 연구)에서, *구두로 전달되었지만 복음서 저자들이 역사적 맥락에 맞게 글로 옮긴 예수의 잠언 격언과 지혜 격언을 가리킨다(예: 막 3:1-6; 7:1-23; 10:17-22; 12:13-17). 마르틴 디벨리우스Martin Dibelius는 용어 *파라디그마paradigma로, 빈센트 테일러Vincent Taylor는 용어 *선언적 예화選言的 例話, pronouncement story로 같은 종류의 본문들을 설명했다. **참조.** *크레이아.

악덕 목록 Lasterkatalog *아더과 (미)더 목록을 보라.

악덕과 (미)덕 목록 catalogue of vices and virtues 신약 저자들이 악덕과 미덕을 열거하는 경우를 가리킨다. 이 장치는 본래 스토아학파가 사용했으나, 다양한 신약 저자가 윤리 교훈의 맥락에서 변경하고 활용했다. 성서학에서는 독일어 용어인 Lasterkatalog악덕 목록와 Tugendkatalog미덕 목록를 종종 사용한다. 신약에는 광범위한 악덕 목록(예. 롬 1:29-31; 갈 5:19-21; 엡 5:3-5)과 악덕과 (미)덕 목록(예. 고후 6:6-7; 갈 5:22-26; 빌 4:8)이 있다.

안티레고메나 antilegomena 논쟁 중인 책들SNK, 의심되는 책들HJR, 논란의 서DHJ *에우세비우스Eusebius에 의하면 초기 교회는 안티레고메나에 속하는 책들(히브리서, 베드로후서, 야고보서, 유다서, 요한1서, 요한2서, 요한3서, 요한계시록)의 정경성에 대한 의심을 표출했다(그리스어에서 '반대하여'를 뜻하는 ἀντι안티와 '말하다'를 뜻하는 λέγω레고의 합성어). 반대로 초기 교회가 논쟁 없이 받아들인 성경은 *호몰로구메나homologoumena라고 부른다. **참조.** *정경; *바울 호몰로구메나.

안티오키아학파 Antiochene school 안디옥- *알렉산드리아학파와 더불어 *교부 시대(약 100-750)에 큰 영향력을 미친 성경 본문 해석 방법. 안티오키아학파는 아리스토텔레스의 영향 아래에서 그 *해석(방법)을 형성했으며, 안티오키아 인구의 다수를 차지했던 유대인들에게 많은 영향을 받았다. 알렉산드리아학파의 풍유법과는 반대로, 안티오키아학파는 단순한 역사적 해석보다 더 깊은 텍스트의 의미를 찾기 위해 θεωρία테오리아('숙고, 묵상')를 사용했으나, 여전히 고대 이스라엘의 역사적 맥락과 문자적 의미를 단단히 기초로 삼았다. 안티오키아 방법론은(알렉산드리아에서 유행했던 보다 상징적인 풍유법과는 반대로) 역사에서 드러나는 하나님의 질서와 계획divine ordering of history을 참조한다는 점에서 현대의 모형론과 더 가깝다. **참조.** *센수스 플레니오르.

알렉산드리아학파 Alexandrian school 이 학파는 (문자적 해석 방식을 주도한) *안티오키아안디옥학파와 함께 *교부 시대(약 100-750) 동안 성경 본문을 풍유로 해석하는 방식으로 큰 영향력을 발휘했다. 알렉산드리아학파는 *플라톤 철학에 뿌리를 두고 *필론과 *오리게네스의 주석 전통을 상속받아, 성경에 묘사된 생애와 사건 속에서 신적 진리를 상징하는 요소를 찾아냈다. 또한 이 학파는 종종 텍스트 자체가 말하는 것 이상의 기독교식 생활 양식과 신학을 주창했다. 이 학파를 지지하는 사람은 기독교의 구약 사용을 인정하려는 시도로 *풍유법 해석을 사용했다. 그들은 또한 모든 성경이 하나님의 영감으로 쓰였다는 사실을 확신함으로써, 역사적 사건이 하나님에 대한 진리를 가르쳐 준다고 믿었으며 지적으로 도발적인 본문들(예. *신인동형론의 언어)을 문자 그대로 받아들여선 안 된다고 확신했다. **참조.** *센수스 플레니오르.

알렉산드리아(계) 텍스트 유형 Alexandrian text type 대다수 학자가 이집트 알렉산드리아로까지 소급 추적이 가능하다고 판단하여 매우 중요한 것으로 간주되는 몇몇 텍스트본문 유형 중 하나. 일부 학자는 알렉산드리아 본문 형태와 매우 유사한 '중립 본문'neutral text

을 별도로 구분했는데, 이는 필시 알렉산드리아 유형의 기초가 되는 본문(즉 원-알렉산드리아proto-Alexandrian 텍스트 유형)일 것이다. 알렉산드리아 텍스트 유형은 또한 이집트, 헤시키우스Hesychius, 또는 베타Beta 텍스트 유형이라 부르기도 한다. **참조.** ***웨스트코트.**●

알파와 오메가 alpha and omega 그리스어 알파벳의 첫 글자(α)와 마지막 글자(ω)다. "나는 알파와 오메가라"는 문구는 하나님(계 1:8; 21:6; 참조. 사 44:6; 48:12)과 예수 그리스도(계 22:13; 참조. 1:17; 2:8)를 가리킨다. 이 문구가 예수를 가리킬 때는 예수가 모든 것의 시작(처음)이자 끝(마지막)임을 나타내고, 그를 우주의 창조자이자 충만함이자 절정이라 부르는 것이다(롬 11:36; 엡 1:10).

암 하아레츠 'am hā'ares̩ 그 땅의 백성 '그 땅의 사람'을 뜻하는 히브리어 문구(עַם הָאָרֶץ). 구약 성경에 "그 땅의 사람들"이라고 언급한 곳이 있긴 하지만(스 4:4; 10:2; 느 10:30-31; 렘 1:18; 34:19; 37:2; 44:21) 성경 해석가들은 랍비 문헌에 언급된 이 그룹에 대해 더욱 관심을 갖는 이유는 그것이 요한복음 7:49과 같은 텍스트("율법을 알지 못하는 이 무리는 저주를 받은 자로다")를 설명해 주는 것으로 보이기 때문이다. 최근 학계는 "그 땅의 사람들"을 구원받을 자격이 없는, 따라서 *회당 예배에서 배제되었던 불결한 죄인들로 보는 견해에 문제가 있다고 본다.

애도가哀悼歌 dirge *탄원 시편을 보라.

야브네 Yavneh *얌니아 회의를 보라.

야훼 Yahweh, YHWH 야훼 하나님이 시내산에서 모세에게 보여 준 *언약 이름(출 3:7-15). 이 이름은 하나님이 자신의 백성 이스라엘과 맺은 특별한 관계와 구원의 행위로 이스라엘을 대신하여 행동할 약속을 증언한다. 유대인은 이 이름을 거룩하게 여겨 자음인 YHWH만 표기했으며(*신명사문자神名四文字: Tetragrammaton) 그 이름을 발음하는 대신 '주'를 뜻하는 이름 '아도나이'로 대체했다. 현대 학자들은 야훼의 철자를 통해 본래 발음을 어림잡아 보려 했다(이전에는 여호와Jehovah로 발음함).

● 출처: *Pocket Dictionary for the Study of NT Greek*. 허락을 받아 사용함.

야휘스트 Jahwist 야위스트 오경 *문서설에 의하면 야휘스트는 오경 속 J자료의 저자로, 하나님을 일컬을 때 '야훼'라는 표현을 선호했다. 문자 J는 야훼의 독일어 철자인 Jahve(혹은 Jahwe. 발음은 모두 야베임ⓔ)에서 왔다. **참조.** *야휘스트.

야휘스트 Yahwist 야위스트 *오경 *문서설에서 오경 내 J자료의 저자로(J는 독일어 *야휘스트Jahwist에서 옴), 하나님을 부를 때 *야훼라는 이름을 선호하는 것이 특징이다. 야휘스트의 이스라엘 이야기는 창세기 초반부에서 나타난 인류의 기원과 죄의 증식에서 시작하여, 아브라함의 소명과 모세를 통한 구원을 지나, 시내산에서 나타난 야훼의 계시에서 절정을 맞는다. 어떤 사람들은 J자료가 왕정 시대 초반에 쓰였을 것이라 생각한다(기원전 10세기). 야휘스트는 깊고 독특한 신학적 솜씨를 가진 명석한 이야기꾼으로 여겨진다. 야휘스트의 관점에서 인류는 야훼가 정해 놓은 경계를 위반하기 쉬운 존재다. 하지만 야훼는 단순한 징벌을 수단으로 삼지 않고, 인류가 멸망하지 않도록 지켜 준다. 어떤 사람들은 야휘스트를 이스라엘 최초의 위대한 신학자로 여긴다.

약속의 땅 Promised Land 가나안 땅을 가리킨다. 특별히 유대교 사상에서 하나님의 약속과 족장들의 관계를 강조하기 위해 사용되는 용어다(참조. 창 12:1).

얌니아 회의 Council of Jamnia 팔레스타인 얌니아(또는 야브네 Yavneh)에서 열린 *랍비 회의. 제1차 유대 혁명 기간(기원후 66-70)에 예루살렘에서 도망친 유대인 중 상당수가 랍비 요하난 벤 자카이Rabbi Yohanan ben Zakkai의 지도 아래 욥바로부터 남쪽에 위치한 고대 팔레스타인의 해안 평지 마을인 얌니아로 갔다. 그들은 그곳에 학교를 세웠고, 여러 해 동안 유대교 재건을 위한 많은 문제에 대한 공의회를 열었다. (많은 학자는 이제 '공적인 회의'가 열린 것은 아니라고 추측하지만, 논의들은 실제로 있었을 것으로 본다.) 그리스도인들에게 얌니아 회의가 시사하는 가장 중요한 점은 *히브리 성경(구약)에 대한 논의가 이루어졌다는 데 있을 것이다. 왜냐하면 이를 통하여 히브리 성경의 세 번째 부분인 *케투빔성문서이 최종적으로 '정경화'되었기 때문이다. **참조.** *정경.

양식 비평 form criticism 현재의 텍스트들written texts에 깊이 박혀 있는 *구두 전승oral tradition을 추적하여 드러내고, 어떤 범주나 '양식'에 맞게 분류하려는 해석 방법[독일어 Formgeschichte는 '양식(들)의 역사'를 의미]. 이 문학적 양식들(*탄원, *찬송 등)은 양식들이 등장한 *삶의 자리Sitz im Leben, setting in life에서 특정 기능을 가졌을 것으로 여겨진다. 예를 들어 시편 24편은 입장 전례 양식form of an entrance liturgy을 갖고 있는데, 이는 언약궤가 성전으로 들어오는 의식이나 주의 *즉위를 기념하는 연례 축제에서 비롯되었을지도 모른다. 하지만 이 시편은 어느 예배 상황의 상징적인 입장 장면과도 동일하게 어울린다(예. 헨델이 그의 오라토리오 <메시아>에서 이 시편을 사용한 경우). 신약학에서는 마르틴 디벨리우스Martin Dibelius, 루돌프 *불트만Rudolf Bultmann, 빈센트 테일러Vincent Taylor 같은 양식 비평학자들이 예수 어록을 *파라디그마paradigma, *전설legend, *비유parable, *이적 기사miracle stories, *선언적 예화選言的 例話; pronouncement story 같은 범주로 분류했다. 양식 비평은 다양한 형태의 문학 양식(**참고.** *장르)들과 그 양식들의 전형적 요소들을 판별하는 데 도움을 준다(따라서 저자들이 양식들을 사용하는 다양한 방식을 강조함). 하지만 이 방법론은 여러 양식의 *삶의 자리를 사변적이고 추측에 근거해 설정하는 경우가 많다는 단점이 있다. **참조.** *단편 문서설; *가통; *구두 전승.

양식사 Formgeschichte, Form History 양식 비평사를 뜻하는 독일어 용어. **참조.** *양식 비평.

양피지 (문서) parchment 염소, 양 또는 다른 동물의 가죽을 글을 쓸 수 있도록 처리한 것으로, 벨럼지vellum라고도 부른다. 양피지 사용은 기원전 2세기까지 거슬러 올라간다. 현존하는 신약 사본 중 가장 온전한 형태의 사본이 벨럼지로 남아 있다.

어휘사전 lexicon 성서학에서 히브리어 또는 그리스어, 라틴어 단어 사전을 일반적으로 가리키는 용어.

언약 covenant 계약 하나님과 그의 백성의 관계를 묘사하는 데 가장 널리 쓰이는 **유비**類比, analogy(다른 유비로는 부모-자녀, 목자-양 떼가 있다). 구약에서 언약(히. בְּרִית베리트; 그. διαθήκη디아테케) 관계는 하나님이 자녀인 이스라엘에게 이 땅의 나라들 중에서 특별한 지위를 주는 쌍방 관계다. 하나님은 그들의 하나님이 되어 정체성과 복을 주고, 그들은 그의 백성이 되어 언약의 조건(*토라)을 지킨다. 성경은 하나님이 주권자sovereign이며 백성은 그에 종속vessels되었다고 설명함으로써 언약의 비대칭성에 대해 종종 언급한다. 하지만 언약이 상호 관계라는 사실은 가장 자주 묘사되어 각자가 (복과 순종을 둘러싼) 의무와 책임을 지고 있다고 한다. 구약은 많은 언약들(노아, 아브라함, 모세, 다윗과의 언약 및 새 언약)을 묘사하지만, 이들을 열거하지는 않는다. 대신 이 언약들은 서로를 기반으로 하여 언약 관계 유비가 의미하는 바를 채워 나간다. 구약 예언자들은 하나님이 자신의 백성과 맺은 관계 속에 이미 내재되어 있는 바를 확장하고 향상시킬 새 언약을 특히 고대했다.

언약 갱신 covenant renewal 계약 갱신 여호와가 이스라엘 백성에게 평화와 번영을 약속하면서 둘 사이의 *언약을 매년(새해를 맞아) 갱신했을 것으로 추정되는 축제. 소위 *즉위 시편(시 93편; 97편; 99편)과 왕의 즉위나 *우가리트에서 바알 신이 죽고 다시 살아나는 것과 관련 있었던 일반적인 고대 서아시아근동 새해 축제를 바탕으로 몇몇 학자는(예. *모빙켈Sigmund Mowinckel) 언약 갱신 축제가 이스라엘에 있었을 것이라 주장한다.

언약법전 Covenant Code 계약법전 현대 학자들이 출애굽기 21-23장 텍스트에서 발견되는 법전을 가리킬 때 쓰는 호칭('언약서'book of the covenant라고도 부름). 요시야왕의 개혁을 야기한 성전에서 찾은 '율법책'을 설명하기 위해 사용하기도 한다(참조. 왕하 22장; 대하 34장).

언약서 book of the covenant ***언약법전**을 보라.

언약적 신율주의 covenantal nomism ***언약적 율법주의**를 보라.

언약적 율법주의 covenantal nomism ***바울에 관한 새 관점**을 보라.

에녹서 Books of Enoch 에녹이 쓴 것으로 여겨진 *위경서로(참조. 창 5:21-24) 주로 *묵시적인apocalyptic 성향을 띤다. 현존하는 에녹서는 에녹1서, 에녹2서, 에녹3서가 있다. 에녹1서는 그 일부가 그리스어나 아람어로 존재하지만, 전문은 에티오피아어로만 보존되어 있으며, 이는 에티오피아에서 신성한 경전으로 여겨진다(에녹2서는 고대 슬라브어로, 에녹3서는 히브리어로 전해져 왔다). 에녹1서의 내용이 유다서 7절에서 언급되는 것은 이 책이 1세기 그리스도인들에게 알려졌거나 어쩌면 권위를 가졌다고 여길 수도 있음을 보여 준다. 하지만 후에 교회가 이 문헌을 거부했으며 대다수의 사본은 유실되었다.

에누마 엘리쉬 *Enuma Elish* -엘리시 마르두크Marduk 신이 어떻게 여신 티아마트Tiamat를 죽이고 그녀의 갈기갈기 찢겨진 시체 조각들로 세상을 창조했는지를 보여 주는 바빌로니아 창조 텍스트. 헤르만 *궁켈Hermann Gunkel에 의하면 창세기에 나타난 성경의 창조 이야기는 『에누마 엘리쉬』를 바탕으로 하는데, 특별히 두 이야기에서 드러난 창조 순서가 뚜렷하게 흡사하기 때문이다. 하지만 최근 학계는 창세기가 의존한다는 견해를 피하는데, 바로 두 이야기의 차이점이 그 유사성만큼 뚜렷하기 때문이다. 『에누마 엘리쉬』의 조각들은 19세기 중반 발견되었는데, 이야기 자체의 시기는 기원전 2000년까지 거슬러 올라갈 수 있다.

에라스무스, 데시데리위스 Erasmus, Desiderius (약 1466-1536) 에라스뮈스 화란의 성서학자, *교부학자, 언어학자, *본문 비평학자. 에라스무스는 자신의 생애 동안 다수의 그리스어 및 라틴어 사본을 번역, 편집, 해석했다. 그는 1516년에 스위스 바젤에서 최초의 그리스어 신약 비평본을 편집한 것으로 명성이 높으며, 후에 이 텍스트를 여러 번 개정했다. 1611년에 영어로 된 흠정역 성경(AV 혹은 KJV) 역자들은 에라스무스의 그리스어 텍스트와 그로부터 나온 다른 성경 판들에 많이 의존했다. **참조.** *수용 본문.

에블라 Ebla 고대 도시로, 시리아 알레포Alepp의 남쪽에 있는 텔 마르딕Tell Mardikh의 유적이 1964년에 시작된 텔(고분) 발굴을 통해 드러났고, 여기서 최종적으로 4,000개가 넘는 텍스트가 발견되었다. 이 도시는 성경에는 언급되지 않지만 고대 서아시아근동 세계에서 중요하고 거대한 도시였으며, 기원전 3000년부터 기원후 천 년까지 사람이 사는 곳이었다. 학자들은 초기에 에블라에서 발견된 텍스트들이 성서학과 직접적인 관련이 있다고 생각했다(소돔과 고모라 및 기타 성경에 등장하는 이름들을 언급한다고 주장함). 하지만 이제 대다수 학자는 이 텍스트들이, 성경 인물이나 관습에 대한 직접적인 참고 자료가 되기보다는, *셈어에 대한 일반적인 지식과 이스라엘의 이웃 나라들에 대한 문화유산(특별히 기원전 2400-1600년경의 시리아 문화)에 대한 지식을 확장시켜 준다는 좀더 온건한 평가를 지지한다.

에비온파, 에비온주의 Ebionites, Ebionism 2세기 교부 *이레나이우스의 글에 처음 등장하는 유대-기독교 교파. 그리스어 Ἐβιωναῖοι에비오나이오이와 라틴어 *Ebionaei*에비오나이이 모두 '가난한 사람'을 뜻하는 히브리어(אביונים에비오님)와 아람어 단어의 음역이다. 이 집단은 요단강 동쪽에 거주하며 금욕적인 생활양식을 택했고, 모세 율법을 완벽하게 지키는 것을 강조하여 그리스도의 인격과 사역의 중요성을 축소했다.

에세네파 Essenes 엣세네파 신약 시대에 (바리새파, 사두개파 등과 함께) 팔레스타인에 존재했던 유대교 종파 중 하나. 확실하지 않은 이유들로 말미암아 에세네파는 신약에 명시되어 있지 않지만, *요세푸스의 저서에는 언급되어 있다. 1947년에 발견된 *사해 문서로 말미암아 학자들은 이 집단에 대해 다시 관심을 가지게 되었는데, 이는 발견된 문서 중 하나가 *쿰란 공동체의 관행들을 자세히 기록한 *공동체 규율서*Rule of the Community*였기 때문이다. 그러나 쿰란(사해) 공동체와 에세네파 사이의 정확한 관계에 대해서는 여전히 추측할 여지가 남아 있다(요세푸스는 에세네파의 두 분파를 언급하는데, 한 집단은 결혼을 할 수 있었고, 다른 한 집단은 할 수 없었다). 단편적인 지식 조각들을 이어 보면 에세네파는 스스로를 하나님과 맺은 *언약을 엄격히 지키는 진정한 이스라엘로 여겼던 것 같다. 일부는 자신을 외부인과(심지어 다른 유대인과도) 완전히 단절시켰을 수 있으나, 여전히 제한된 방식으로라도 성전 예배에 참여했을 것이다.

에우세비우스 Eusebius (약 260-340) 에우세비오, 유세비우스 카이사레아가이사랴의 감독을 지냈으며, 교회 역사에 관한 저서들로 말미암아

'교회사의 아버지'로 불린다. 이 시리즈는 열 권으로 이루어져 있으며, 사도 시대로부터 콘스탄티누스 대제 시대까지의 사건들과 교회 교리를 다룬다(그. Ἐκκλησιαστικὴ ἱστορία; 라. *Historia Ecclesiastica* 혹은 *Historia Ecclesiae*; 영. *The Church History* 혹은 *The Ecclesiastical History*; 『유세비우스의 교회사』, 은성, 2008). 에우세비우스의 저술은 여러 이유로 성경 연구에 포함될 수 있는데, 주로 초기 그리스도인들이 신약 성경의 저자 문제authorship나 *정경성 canonicity에 대해 어떻게 여겼는지에 대한 증거를 제공하기 때문이다.

에클레시아 ecclesia, ἐκκλησία 주로 '교회', '모임', '집회', '회중' 등으로 번역되는 그리스어 용어. 성경 밖 용례에서는 모이는 집단이면 무엇이든 가리킬 수 있다. *칠십인경에서는 가끔 이스라엘의 קָהָל카할(하나님의 말씀을 듣기 위해 모인 이스라엘 사람들)을 지칭하기도 했다. 신약에서는 교회를 의미하는 표준 단어가 되었다.

에포님 eponym 이름의 시조 한 사람의 이름이 어떤 집단의 특성, 주로 그 사람의 자손을 상징하는 경우를 가리키는 용어('위'를 의미하는 그리스어 ἐπί에피와 '이름'을 의미하는 그리스어 ὄνομα오노마의 합성어). 창세기 12-50장의 *족장들을 이름의 시조로 주장하는 하는 경우가 있다. 예를 들어 에서는 에돔과 명시적으로 동일시되고, 야곱의 아들들은 모두 이스라엘의 지파들과 동일시된다('하나님과 겨루는 사람'을 의미하는 '이스라엘' 자체가 야곱이 하나님과 씨름한 후 이루어진 개명이다; 참조. 창 32:22-32).

엘로히스트 Elohist *오경에서 하나님을 가리킬 때 단어 엘로힘(*Elohim*)을 선호하는 E자료의 저자(들)를 가리키는 *문서설 용어. 독립적이며 연속성 있는 E자료의 존재에 의문을 가지는 시각이 점점 늘어나서, 현대 자료 비평가들은 대개 그 존재 자체를 부인하려 하거나 E를 하나의 편집층editorial layer으로 설명한다. 하지만 오경 문서설이 형성되던 초기에는 소위 E로 불리는 자료는 북이스라엘 왕국에서 기록된 것으로, 어쩌면 9세기라는 이른 시기에 작성되었다고까지 보았다. 벧엘 같은 장소를 강조한 점, 시내산을 '호렙'으로 칭하는 것, 모세와 엘리야를 비교하는 양상 때문에 이런 출처를 추정했다. E에서 나타난 이야기들은 아브라함의 소명으로 시작하여 모세의 죽음으로 끝난다. 신학적으로 엘로히스트의 관점 중앙에는 *언약이 있으며, 언약에 대한 순종이 가장 중요한 요소다. 사람은 하나님을 '두려워'해야 하며, 이는 경외와 순종을 수반한다. 엘로히스트에 의하면 모든 사람은 아브라함, 야곱, 요셉, 모세와 같은 예언자가 되어야 한다. "여호와께서 그의 영을 그의 모든 백성에게 주사 다 선지자가 되게 하시기를 원하노라"(민 11:29).

역대기 사가 Chronicler 역대기(에스라기와 느헤미야기도 포함될 수 있음)를 집필한 저자(들)을 가리킨다. *바빌론 유배流配 이후 작성된 역대기는 아담에서부터 왕정이 끝날 때까지의 이스라엘 역사를 생생하게 표현했으며, 에스라와 느헤미야는 이스라엘 땅으로의 귀환과 성전 재건을 둘러싼 사건들을 설명해 준다. 역대기 사가는 왕정과 성전에 대한 깊은 우려를 담아냈고, 복과 형벌을 왕들의 행동에 대한 인과응보로 해석한다. 이 책들에서 왕과 예언자의 말과 기도는 거의 설교에 가까운 형태로 표현되어 책의 전반적인 구조를 구성한다. 역대기 사가는 독자들이 특히 성전 예배에서 핵심적인 역할을 하는 *토라에 순종할 수 있도록 부추기고 북돋운다.

역사 비평 historical criticism '실제로 무슨 일이 일어났는지' 판단하려는 텍스트 접근법. '역사 비평 방법'historical-critical method은 하나의 텍스트의 역사적 맥락과 의미를 재구성하려는 노력을 가리킨다. 이 접근법은 텍스트의 최종 형태(**참조.** *정경 비평)보다는 그 텍스트의 '기원'에 대한 질문에 답하려 한다(**참조.** *자료 비평). 또한 텍스트의 **본래 의미**, 즉 어떤 텍스트가 일차 독자들에게 무엇을 의미했는지를 찾으려 하고, 후대나 현대 독자들에게 어떤 의미를 갖는 지에는 무게를 두지 않는다. 텍스트의 '진정한' 의미는 단어가 역사적 맥락 속에서 갖는 의미이지, 교회나 다른 권위가 그 텍스트에 관해 말하는 내용이 아니다. 전술한 권위에 관한 이러한 점이 역사 비평의 원동력이다. 역사 비평학자들은 선입견 혹은 신념, 신조가 없는 학문을 추구했다. 즉 텍스트의 의미에 대해 **중립의 관찰자**neutral observer가 되고자 했다. 역사 비평 자체도 최근 여러 이유로 비판을 받았는데, 역사 비평학자들이 충분히 역사적이거나 비평적이지 않았다는 점이 주된 이유였다. 또한 해석에 있어 '중립'neutrality이라는 개념 전체가 글을 읽는 방식에 대한 포스트모던의 관심사의 관점에서 격하게 비판을 받고 있다(**참조.** *해체주의; *독자반응 비평). 그럼에도 역사 비평은 텍스트가 무엇을 의미**했는가**보다는, 무엇을 의미**할 수 있는지**' 혹은 **없는지**에 대해 매우 값진 가치를 지닌다. 이 비평은 해석 오용을 고쳐 줄 수도 있고, 해석의 범위를 제한할 수도 있다. 하지만 어떤 텍스트가 하나만 '의미'한다는 주장은 그 사람이 텍스트를 어떤 목적으로 읽는지에 대한 의문을 품게 하며, '역사적' 목적이 그가 텍스트를 읽는 유일한 목적이 아닐 수도 있음을 입증한다. **참조.** *모형론.

역사적 예수 historical Jesus 역사의 예수 ***역사적 예수 탐구**를 보라.

역사적 예수 탐구 Quest of the Historical Jesus *복음서 기록 뒤에 존재하는 진정한 역사적 예수를 발견하고자 하는 학술적 탐구. 이 용어는 *슈바이처Albert Schweitzer의 유명한 저서 *Von Reimarus zu Wrede: Eine Geschichte der Leben-Jesu-Forschung*라이마루스에서 브레데까지: 예수 생애 연구의 역사(1906; 『예수의 생애 연구사』, 대한기독교서회, 1995)의 영역판 도서명인 *The Quest of the Historical Jesus*역사적 예수에 대한 탐구(1910)에서 파생되었다. 역사적 예수 탐구는 역사적으로 신빙성 있는 예수에 대한 설명을 기술하려는, 지금도 이어지는 다양한 시도를 의미하게 되었다. 이러한 학술적 연구의 이야기는 그 시기에 따라 세부 이름도 지어졌다. 옛 탐구(기)the Old Quest(1778-1900); 탐구 포기(기)the "No Quest"(1900-1940); 새로운 탐구(기)the New Quest(1940-1980); 세 번째 탐구(기)the Third Quest(1980-현재). 마지막 연구(기)는 라이트N. T. Wright가 제안한 용어로, 1세기 유대교 문화의 맥락에서 예수를 이해하려는 시도이며, *진정성 판단 기준에(특히 *비유사성의 원칙에) 덜 의존하고, 대신 1세기 *팔레스타인 유대교 내에 존재할 수 있었던 예수를 보려 한다.

열두 사도의 가르침 *The Teaching of the Twelve Apostles* ***디다케**를 보라.

열두 족장의 유언 *Testaments of the Twelve Patriarchs* 12족장 유언서, 12성조聖祖 유언서/언약서 아마도 야곱이 자신의 열두 아들에게 남긴 작별 인사(창 49장)와 모세가 이스라엘을 향해 내린 마지막 축복(신 33장)에서 영감을 받고 그것을 본떠 만든 하나의 *위경 문서(기원전 약 109-106). 이 책은 도덕적 격려, 영적 위로, 그리고 미래의 메시아 시대에 하나님의 백성을 위해 준비된 하나님의 복과 징벌에 대한 예언을 담고 있다. 신약 연구에 있어 역사적-신학적으로 상당한 가치를 지닌 저술이다. **참조.** *고별 담론.

열두 책 Book of the Twelve 12예서 12개의 *소예언서를 한 두루마리로 묶은 것으로, 호세아, 요엘, 아모스, 오바댜, 요나, 미가, 나훔, 하박국, 스바냐, 학개, 스가랴, 말라기로 이루어져 있다. **참조.** *느비임; *예언서, 후기.

열방(을 향한) 신탁(들) oracles against the nations 이방(인들)을-SYK, 열방 말씀KJK 예언자가 받은 신적 메시지로, 이방 국가(열방)들을 향한 심판을 다룬다. 예를 들어 아모스는 이스라엘과 유다를 둘러싼 나라들에 대한 일련의 심판으로 시작한다(암 1:3-2:3; 참조. 사 13-23장; 렘 46-51장). 이 신탁(들)은 유다를 격려하고 위로하며, 하나님의 주권을 증언한다: "내 종 야곱아 두려워하지 말라…내가 너를 먼 곳에서 구원[할 것이다]"(렘 46:27). 하지만 아모스는 유다와 이스라엘 모두를 향해 확장되고 신랄한 비판을 통해 열방을 향한 신탁을 마무리한다(암 2:4-11). 사실 유다와 이스라엘은, 하나님에 의해 이집트로부터 구원받았으며 어떻게 살아야 하는지를 보여 주는 *토라를 받았기에, 다른 나라들보다 더 큰 책임이 있다(암 2:4, 10).

열심당원 Zealots 젤롯당원 유대인의 혁명 운동. 열심으로 가득 차고 어떤 동기를 향한 불타는 헌신을 나타내는 사람을 의미하는 그리스어 ζηλωτής젤로테스에서 파생된 이름이다. 열심당은 유대인들의 정치적 모임으로, 신정체제와 *토라에 대한 그들의 헌신은 당시 팔레스타인을 점령한 로마와의 폭력적인 군사적 충돌로 이어졌다. 로마 제국을 향한 그들의 도발은 로마의 포위 공격과 70년의 예루살렘 멸망을 재촉했다.

영광송 doxology ('찬양, 영광'을 의미하는 그리스어 δόξα독사와 '말하다'를 의미하는 그리스어 λέγω레고의 합성어로) 신약에서 하나님에게 찬양 또는 축복, 영광을 돌리는 형태로 되어 있으며, 예배의 맥락에서 사용되며 대개 '아멘'으로 끝난다. 빌립보서 4:20은 그 예를 보여 준다. "하나님 곧 우리 아버지께 세세 무궁하도록 영광을 돌릴지어다 아멘"(참조. 롬 1:25; 16:27; 엡 3:21; 딤전 1:17; 계 1:6; 7:12).

영웅적 덕행英雄的德行 aretalogy 아레탈로지 신이나 '신인'divine man의 기적, 대단하거나 강력한 행동, 초자연적 능력, 고결한 소양을 설명하는 용어(그리스어 ἀρετή아레테는 '덕'을 의미함). 복음서 연구에서는 사복음서에 기록된 예수의 이적이나 이적 기사를 가리킨다. **참조.** 신인.

영지靈知 gnosis그노시스 '지식'을 의미하는 그리스어 명사(동사 γινώσκω기노스코는 '알다'를 의미함). 참조. *영지주의자; *영지주의.

영지주의靈知主義 Gnosticism 광범위하게 설명하자면, 특별한 계시와 지식의 획득을 통해 하나님과 자신의 본질을 깨닫고 구원을 얻을 수 있다고 주장한 다양한 종교적이며 철학적 운동으로 2세기부터 5세기까지 번성했다. 단일한 영지주의 체계라고 할 것이 없기에 학자들 사이에서 그 정의나 가르침에 대한 만장일치의 의견은 없다. 영지주의는 신약 시대가 지나기 전까지 의미 있는 운동이 되지 않았다. 따라서 신약학계에서는 1세기 기독교 내의 영지주의를 원영지주의proto- 혹은 초기 영지주의incipient-로 칭한다. [영지주의와 관련하여 콥트어 베드로 묵시록, 야고보의 첫째 묵시록, 야고보의 비전, 용사 도마의 책, 콥트어 바울 묵시록, 야고보의 둘째 묵시록, 유다 복음, 마리아 복음, 빌립보 복음, 요한의 비전 등의 문헌이 있다. 송혜경, 『영지주의자들의 성서』(한님성서연구소, 2014)를 참고할 것.ⓒ]

영지주의자靈知- gnostic *영지주의를 신봉하는 사람, 혹은 난해한 영적 지식에 유난히 많은 가치를 두는 사람.

예레미아스, 요아킴 Jeremias, Joachim (1900-1979) 독일의 신약학자. 예레미아스는 자신의 학계 경력의 대부분을 괴팅겐 대학교에서 보냈다(1935-1968). 그는 1세기의 언어 역사적 배경 안에서 신약을 해석해야 한다고 믿었으며, 복음서에 나타나는 역사적 예수가 기독교 신앙에 중요하다고 믿었다. 두 가지 신념 모두 그가 쓴 다음의 저서에 적절히 설명되어 있다. *Die Abendmahlsworte Jesu*예수의 성찬 담화(1935; *Eucharistic Words of Jesus*, 1955), *Neutestamentliche Theologie* 1. Teil: *Die Verkündigung Jesu*신약 신학 제1권: 예수의 선포(1971; *New Testament Theology: The Proclamation of Jesus*, 1971;『신약 신학』, CH북스, 2009), *Die Gleichnisse Jesu*(1947; *Parables of Jesus*, 1954;『예수의 비유』, 분도출판사, 1974).

예루살렘 공의회 Council of Jerusalem 예루살렘 종교회의 49년경 야고보, 베드로, 바울 및 여러 사도와 장로와 같은 초대 교회 지도자들이 모여 개최한 회의(행 15:1-35). 바울과 바나바의 이방인 선교가 합법화된, 초대 교회 전개상 중요한 회의다. 이들을 파송함으로써 이 회의는 이방인이 모세 율법을 고집하지 않고도 신자가 될 수 있음을 인정했다. 하지만 이방인들은 "우상의 더러운 것과 음행과 목매어 죽인 것과 피를 멀리하라"는 강력한 권고를 받았다(행 15:20; **참조.** 갈 2:1-14; *노아 언약).

예수 세미나 *지저스 세미나를 보라.

예수 자신의 (실제) 말(씀) ipsissima verba Jesu '예수의 실제 단어들'the very words of Jesus을 의미하는 라틴어 어구. 학자들은 복음서에서 예수의 진정한 어록을 발견하려 시도해 왔다. '예수 자신의 말'은 예수가 말했을 가능성이 가장 높은 말(단어)들을 가리킨다. **참조.** *진정성 판단 기준; *예수 자신의 목소리.

예수 자신의 (실제) 목소리 ipsissima vox Jesu '예수 자신의 바로 그대로의 목소리'the very voice of Jesus를 의미하는 라틴어 어구. 학자들에 의하면 '예수 자신의 목소리'를 구성하는 단어들이 실제로 예수가 사용한 단어들이 아니더라도(*예수 자신의 말), 그의 마음, 의도, 의미를 정확하게 전달한다. 즉, 이 속에서 바로 예수의 '목소리'를 들을 수 있다. **참조.** *진정성 판단 기준.

예수 전승 Jesus tradition *구두 전승이나 기록된 문헌으로 유포되거나 전해진 예수의 어록이나 그에 대한 이야기. 예수의 어록이나 그에 대한 이야기가 전달되는 과정에서 어떻게 변화되었는지를 식별하고 전개 과정을 추적하는 시도를 일컫는 이 용어는 현대 예수 연구에서 꽤 자주 사용된다. 이 연구는 바울이나 야고보의 저술 속에서 예수 전승에 접한 경우가 나타나는지, 나타난다면 얼마나 나타나는지와 같은 질문도 포함한다. *예수 세미나에 속한 이들처럼 어떤 학자들은 도마복음Gospel of Thomas처럼 정경 외 문헌도 예수 전승을 위한 연구 대상에 포함시킨다. **참조.** *전승 비평.

예수의 어록 dominical saying (주를 의미하는) 라틴어 *Dominus*에서 파생된 표현으로, 예수에게 속한 모든 말을 가리킨다[예. "내가 세상의 빛이로라"(요 9:5)].

예언서, 전후기 Former and Latter Prophets 히브리 *정경(즉 구약)의 제2부 *느비임Nebiim을 가리킨다. (단, 다니엘서는 느비임이 아닌 *케투빔에 속함.ⓔ) **참조.** *타나크; *예언서, 전기; *열두 책.

예언서, 대 Major Prophets 대선지서 (개신교) 정경인 구약에 포함된 이사야, 예레미야(예레미야애가 포함), 에스겔, 다니엘을 가리킨다. '대'예언서와 *'소'예언서의 차이는 라틴 교회에서 처음 언급되었는데, 책의 가치가 아닌 분량을 의미한다. **참조.** *예언서, 전기.

예언서, 소 Minor Prophets 소선지서 호세아, 요엘, 아모스, 오바댜, 요나, 미가, 나훔, 하박국, 스바냐, 학개, 스가랴, 말라기를 포함한 *열두 책의 예언서를 가리키며 내용이 덜 중요해서가 아니라 *대 예언서 Major Prophets보다 길이가 짧아서 붙여진 이름이다. **참조.** *느비임; *예언서, 후기.

예언서, 전기 Former Prophets ***느비임**을 보라.

예언서, 후기 Latter Prophets ***느비임**을 보라.

예찬 encomium 열정적인 칭찬이나 찬사(그. ἐγκώμιον엥코미온). 본래 그리스 서정 시인 핀다로스Pindar(기원전 약 518-438)가 운동 경기나 전쟁에서의 승리를 기념하기 위해 이와 같은 시적 표현을 썼다.

오경 Pentateuch 성경의 첫 다섯 권. 창세기, 출애굽기, 레위기, 민수기, 신명기. (한국어로는 모세오경이라는 용어가 빈번하게 사용되나 정확한 표현이 아닐 수 있으므로 성서학에서는 사용을 피하는 것이 좋음.ⓔ) **참조.** *토라; *타나크.

오리게네스 Origen (약 185-254) 오리겐 초기 교회 교부. 오리게네스는 *알렉산드리아학파의 초창기 구성원이자 가장 영향력 있는 일원이었다. 그는 이집트에서 태어나 알렉산드리아의 *클레멘스에게 수학했다. 오리게네스는 머지않아 카이사레아가이사랴에 학교를 세우고 그곳에서 방대한 설교 활동과 저술 활동을 했다. 하지만 그의 업적 중 일부만 현존한다. 성경 학자로서의 그는 *헥사플라라는 다단 배열 성경을 통해 여러 번역본을 비교할 수 있도록 했는데 이러한 *본문 비평 업적으로 가장 잘 알려졌다. 주석가이자 신학자로서 그는 성경의 *풍유적 해석에 뛰어났다. 그는 그의 저서인 *De Principiis* (『원리론』, 아카넷, 2014)의 네 번째 책에서 성경의 문자적·도덕적·풍유적 사용을 설명하는 방식으로 *해석학hermeneutics을 다루었다.

오메가 omega ***알파와 오메가**를 보라.

오이쿠메네 *oikoumenē* 세상, 사람이 사는 지구 그리고 인류를 포함하는 것을 가리키는 그리스어 단어οἰκουμένη로 하나의 세계를 뜻한다. 사람이 사는 세상을, 더 구체적으로는 예수 그리스도 안에 있는 모든 신자를 수용하고 통합하려는 열망(요 17:21; 고전 12:12-20; 엡 4:4- 6)을 뜻하는 영어 단어 '에큐메니즘'ecumenism, 세계 교회주의은 이 단어에서 파생되었다.

옥시링쿠스 파피루스 Oxyrhynchus papyri 수천 개의 고대 *파피루스 조각 모음으로, 구약 및 신약은 물론 *외경과 *위경 문헌이 들어 있다. 헌트A. S. Hunt와 그렌펠B. P. Grenfell이 (지금의 베네사Behnesa인) 이집트 북부의 옥시링쿠스에서 1897년과 1907년에 발견했다. 이 조각들은 2세기부터 7세기까지의 시대로 거슬러 올라가며, 그리스어, 라틴어, 이집트어, 콥트어, 히브리어, 고대 시리아어로 쓰였다.

옥중 서신 Captivity Epistles 감금 서신 바울이 감옥에 갇혀 있는 동안 쓴 것으로 여겨지는 서신들(대다수의 학자는 바울이 로마에서 썼다고 생각하지만, 몇몇은 카이사레아가이사랴나 에페소스에베소에서 썼을 것이라고 주장함). 많은 학자에 의하면, 에베소서, 빌립보서, 골로새서, 빌레몬서, 디모데전후서, 디도서가 옥중 서신에 속한다.

올브라이트, 윌리엄 F. Albright, William Foxwell (1891-1971) 미국의

구약학자이자 고고학자. 올브라이트는 고고학 연구를 통해 성경에 대한 튼튼한 역사적 기반을 제공했다. 그는 특별히 *족장, 모세 전통 및 율법의 본질적인 신뢰성을 증명하려 노력했다. 그는 *벨하우젠과 *자료 비평을 비판했으며, 미국을 포함한 여러 나라에서 많은 보수 학자가 그의 비평을 인정했다. 또한 올브라이트는 고대 서아시아근동의 언어와 문화에 대한 탁월한 지식의 소유자였다. 많은 사람이 올브라이트를 '성경 고고학의 학장'dean of biblical archaeology으로 여겼다.

왕위 계승 서사 Succession Narrative 다윗이 솔로몬에게 왕권을 전달하는 이야기. (하나님이 통치하는) 신정주의 *지파 동맹에서 왕이 다스리는 체제로의 변화는 하나님 백성의 삶에 많은 사회적·정치적·종교적 변화를 야기했다. 다윗에 대한 다소 솔직한 묘사와 이 변화하는 시기에 대한 기록은 사무엘하 9-20장, 열왕기상 1-2장에서 찾아볼 수 있으며, 사무엘하 6-7장은 이스라엘이 가진 소망의 근거가 종종 잘못을 저지르는 다윗의 후손들이 아니라 나단 선지자를 통해 전해지는 하나님의 말씀임을 일깨워 준다.

외경 the Apocrypha 외전, 경외서 '숨겨진' 혹은 '비밀인' 진리들을 담고 있다고 여겨진 책 모음을 가리키는 용어(그리스어 '숨기다, 감추다'를 뜻하는 ἀποκρύπτω아포크륍토에서 파생). 로마 가톨릭 교회와 정교회는 외경에 속하는 책들을 *제2정경으로 여기지만, 유대교 성경이나 대다수의 개신교 성경에는 외경이 포함되지 않는다. 구약 외경은 유대교와 개신교가 중요하게 여기는 마카베오1, 2서나 솔로몬의 지혜를 포함하지만, 이들 역시 유대교와 개신교 정경에 들어가지는 않는다. 2세기와 6세기 사이에 작성된 신약 외경에는 어느 기독교 *정경에도 포함되지 않은 *외경 복음서, 외경 서신, 묵시 문학 등이 있는데, 구약 외경과는 다른 지위를 갖고 있다. **참조.** *나그함마디 문서; *옥시링쿠스 파피루스; *복음.

외경의 apocryphal 정경이 아닌, 외전의, 저작자가 의심스러운 일반적으로 *외경을 묘사하거나, 진리 여부 혹은 권위가 의심스러운 텍스트나 말어록을 묘사하는 형용사로 쓴다. 예를 들어 *아리스테아스의 편지Letter of Aristeas에 나오는 *칠십인경 기원 이야기는 그 권위가 의심스러운(외경과 같은) 글이라 할 수 있다.

요세푸스 Josephus 유대인 역사가. 요세푸스는 1세기에 살았으며(약 37/38-110), 그의 저서는 로마의 지배를 받던 팔레스타인의 역사적·종교적 세상을 이해하는 데 중요한 자료다. 갈릴리의 유대 군대에 의해 로마 제국에 대항하도록 강요받았다가 로마군의 포로가 되었고, 후에는 로마 시민이 되었다. 그의 저서로는 자서전(*Vita*; *Life*;『요세푸스 7권: 자서전, 아피온 반박문, 논문』, 성서자료연구원, 1992), 아피온 반박문(*contra Apionem*; *Against Apion*), 천지창조로부터 유대-로마 전쟁 시기까지 다룬 유대 고대사(*Antiquitates Judaicae*; *Antiquities of the Jews*;『요세푸스 3-6권: 유대고대사』, 성서자료연구원, 1992), 유대-로마의 전쟁에 대한 기록(Ἰουδαϊκοῦ πόλεμος유다이쿠 폴레모스; *Jewish War*;『유대 전쟁사 1, 2권』, 나남출판, 2008)이 있다. 어떤 학자들은 그가 다량으로 의존하는 이전의 자료들에 대해 보이는 무비평적인 태도를 근거로, 그 저술들의 신빙성에 의문을 제기한다. 하지만 그는 여전히 *헬레니즘 시대의 팔레스타인 공동체에 대한 엄청난 가치의 정보를 제공한다. 그의 저술은 유대인보다 그리스도인에게 더 많은 가치를 인정받는데, 그가 세례 요한과 예수의 이름을 직접 표기하기 때문이다. 또한 제1차 *유대(인) 봉기때 마사다에서 무슨 일이 일어났는지를 그를 통해서 많이 알 수 있다.

요한(계) 문헌 Johannine literature, -corpus Johannine은 요한John에서 파생한 '요한의'를 뜻하는 형용사이며, 요한계 문헌은 요한복음, 요한서신(요한1서, 요한2서, 요한3서)과 요한계시록을 통틀어 가리키는 신약학 용어다. (알맹e 자체 항목.ⓔ)

요한의 콤마 *Comma Johanneum* 콤마 요한네움 요한1서 텍스트에서 배제해야 하는 이문을 가리키는 용어(그리스어 κόμμα는 '잘라낸 조각'을 의미). 논쟁이 되는 이문은 요한1서 5:7-8에 등장한다("증언하는 이가 셋이니 **하늘에 증언하는 세 분이 계시니 곧 아버지와 말씀과 성령님이시라. 또 이 세 분은 하나이시니라. 땅에 증언하는 셋이 있으니 영과 물과 피라**"). 에라스무스Erasmus는 이를 자신의 그리스어 텍스트에 추가했다. 이 이문은 후에 영어로 된 흠정역 성경(AV 혹은 KJV)에 포함되었다. 그러나 앞에서 강조한 단어들은 요한서신의 원저자가 쓴 것이 아니기에 '잘라내서' 신약 성경에서 제외해야 한다.

우가리트(어) Ugarit, Ugaritic 후기 청동기 시대(기원전 1550-1200)에 시리아의 북쪽 해안에 위치한 도시 국가(현재의 라스 샴라Ras Shamra)와 그 문화권의 북서 셈어를 가리킨다. 우가리트에서 발견된 라스 샴라 텍스트들은 학자들에게 고대 이스라엘 시기의 가나안 언어, 문학, 종교에 대해 가장 직접적이고 완전한 증거를 제공한다. 또한 우가리트어가 고대 히브리어와 다른 가나안 언어와 매우 비슷하기 때문에, 애매한 구약 히브리어 단어와 이스라엘 주변 국가들의 문화적·종교적 관습에 대해 가치 있는 정보를 제공해 준다.

우머니스트 해석 womanist interpretation '우머니스트'는 앨리스 워커Alice Walker(1944-)가 고안한 용어다. 여성주의 해석은 많은 유색 인종 여성, 특히 많은 흑인 여성이 사용하고 있으며, 인종차별, 성차별, 계급 구조에 특별한 강조점을 둔다. **참조.** *페미니스트 해석학.●

원누가(복음) proto-Luke 스트리터B. H. Streeter가 제안한 *네자료설에서 원누가는 가상의 문서로서, *Q자료와 *L자료만으로 구성되었으며, 현재의 누가복음이 있기 전부터 존재했다고 본다.

원마가복음 Urmarkus 우어마르쿠스 마가가 쓴 *복음서의 원시적 판('일찍, 초기'를 의미하는 독일어 Ur와 '마가'를 의미 Markus의 합성어). 이 용어는 홀츠만H. J. Holtzmann이 1863년에 마가가 자신의 복음서를 쓰기 위해 사용한 가상의 문학 자료Urform를 지칭하기 위해 처음 썼다(따라서 여기에는 마태와 누가가 포함하지 않은 마가의 본문이 빠졌다). 이 이론은 학자들 사이에서 지지를 받지 못했고, 실제로 이 문서가 존재했다는 증거는 없다. 대다수의 학자는 마가복음이 주로 예수에 대한 *구두 전승을 바탕으로 저술되었을 것이며, 예를 들어 아마도 사도들, 특히 베드로에게서 그 전승이 왔을 것이라고 본다. **참조.** *원복음서.

● 출처: *Pocket Dictionary for the Study of NT Greek*. 허락을 받아 사용함.

원마태(복음) proto-Matthew 마태복음의 가상적인 초기 본本, version 을 뜻하며, 일부 학자에 의하면 현재 모습의(즉, *정경의) 마태복음 이 있기 전에 존재했다고 본다. 원마태(복음)가 반드시 아람어로 쓰였을 것으로 추정할 필요는 없다.

원복음 protoevangelium 창세기 3:15에 나오는 첫 번째 혹은 가장 이른 *복음 선언으로서('처음'을 의미하는 그리스어 πρῶτος프로토스 와 '복음'을 의미하는 그리스어 εὐαγγέλιον유앙겔리온의 합성어), 하와의 후손이 사탄의 자손을 상하게 할 것을 예언함으로써 하나님이 뱀을 질책하는 장면이다. 2세기부터 전통적으로 이 절은, 인류의 타락에도 불구하고 하나님의 창조 목적이 성취될 것이라는 복음에 대한 첫 번째 암시로 여겼다.

원복음서 Urevangelium 원시적인 혹은 원래의 *복음서를 가리킨다 ('이른, 본래의, 원시적인'을 의미하는 독일어 Ur와 '복음(서)'을 의미하는 Evangelium의 합성어다). 어떤 독일 학자들이 마태, 마가, 누가가 자신의 복음서를 쓰기 위해 초기의 히브리어 혹은 아람어 *복음서를 자료로 사용했다고 주장함으로써, *공관복음서 문제를 설명하려 시도하면서 생긴 용어다. 가끔 공관복음서들의 유사점과 차이점을, 원복음서에 대한 상이한 그리스어 *수정본recension으로 말미암은 것으로 설명하기도 한다. **참조.** *네자료설; *두자료설.

원본 autograph 오토그래프, 자필 원고 최초의 필사본, 혹은 저자가 직접 쓴 원본 원고나 문서를 가리킨다('저자의 손으로 직접 쓰인'을 뜻하는 그리스어 αὐτόγραφος아우토그라포스에서 파생). 아직 성경 원본은 발견되지 않았기에 학자들은 후기 사본을 의지할 수밖에 없다.

원시 기독 공동체 Urgemeinde 우어게마인데 초대 교회에 대해 논의할 때, 교회를 의미하는 단어 Kirche보다 초대 교회의 본질을 더 잘 담아내기 때문에 영어로 번역하지 않는 독일어 용어(Ur, '이른, 초기의' + Gemeinde, '회중, 공동체').

원역사 primeval history 시원사始原史JMK 창세기 1-11장에 나오는 이야기들로, 인류의 기원과 *족장 이야기로 이어지는 최초의 역사(창조, 노아, 바벨탑)에 대해 다룬다.

웨스트코트, 브룩 포스 Westcott, Brooke Foss (1825-1901) 영국의 신약 학자이자 본문 비평가. 웨스트코트와 *호트F. J. A. Hort는 신약 *본문 비평학에 많은 기여를 했다. 웨스트코트-호트 판 그리스어 신약 성경은 완성되기까지 28년이 걸렸다. *The New Testament in the Original Greek, with Introduction and Appendix*서론과 부록을 포함한 그리스어 신약(1881). 이 판에서 저자들은 네 가지 주요 텍스트본문 유형(시리아Syrian, 서방계Western, 알렉산드리아Alexandrian, 중립Neutral)을 구분하고 본문 비평의 원칙들을 설명했다. 웨스트코트, 호트, *라이트풋J. B. Lightfoot은 성경에 대한 본문 비평적·언어학적·주석적 연구에 대해 비슷한 헌신으로 말미암아 케임브리지 트리오가 되었다.

위경(, 구약) Pseudepigrapha *제2성전기에 기록되었으나 구약 *정경이나 *외경(*제2정경)에 포함되지 않은 고대 유대교 및 헬레니즘의 문헌들을 말한다. [이는 어디까지나 개신교 기준이며, 로마 가톨릭에서는 이를 (구약) 외경이라고 부른다. 가톨릭에서는 개신교에서 외경이라 칭하는 문헌들은 제2정경(제1정경은 구약)이라 부른다.ⓒ] 위경에는 다양한 종류의 문헌이 포함되며, 어떤 문헌은 에녹, 에스라, 바룩, 엘리야, 아브라함, 이삭, 야곱과 같은 성경 인물이 쓴 것으로 되어 있지만 모두 위명pseudonym(필명)이 사용된 경우다.●

위명(저자)의 pseudonymous 한 문학 작품에 대해 거짓된(그. ψευ-δος프슈도스) 원작자를 표기하는 것으로, 유대교 문헌에서는 주로 먼 과거의 위대한 인물을 사용한다. '솔로몬의 지혜'는 솔로몬이 저자로 표기되어 있지만, 증거들을 보면 그리스어를 사용했던 유대인이 솔로몬으로부터 수 세기 지난 시점에서 쓴 글임을 알 수 있다. 여러

● 영어로는 찰스워스(James Charlesworth)가 2권으로 편집한 *The Old Testament Pseudepigrapha*(구약 위경)가 있다. Richard Bauckham, James R. Davila, Alexander Panayotov가 2013년에 편집 출간한 *Old Testament Pseudepigrapha: More Noncanonical Scriptures*(구약 위경: 더 많은 비정경 문서들)는 찰스워스 판에 없는 위경 문헌들을 정리하는 것을 목표로, 총 2권으로 계획 중이며 1권이 나와 있다. 한국어로는 기독교문화사에서 원어가 아닌 일본어판에서 중역하여 1979년에 2권으로 출간한 『외경 위경 전서』가 있다. 한남성서연구소에서 2018년에 개신교의 위경에 해당하는 『구약 외경 I』을 출간하기 시작했다. 구약 위경의 목록은 부록을 참고할 것.ⓒ

에녹서 역시 에녹이라는 고대의 불가사의한 인물이 쓴 것으로 기록되어 있다(창 5:21-24). 위명으로 글을 쓰는 것은 고대 사회에서 일반적 관습이었고, 많은 학자는 신약 성경에도 위명으로 쓰인 글이 있다고 주장한다(예. 에베소서). [pseudonymous의 명사형은 위명성을 뜻하는 pseudonymity이다. 비슷한 단어로 pseudonym은 위명(저자)를 뜻한다.^{DHJ}] 참조. *제2바울계; *익명(저자).

유골함 ossuary 납골당 석회나 나무를 조각하여 만든 상자로, 죽은 사람의 뼈를 보관하기 위해 사용했다(라틴어 *ossurarius*는 뼈를 의미). 어떤 유골함에는 글이나 장식이 있어 죽음과 죽음 이후의 삶에 대한 신념을 유추할 근거를 제공한다. 유골함은 육체가 첫 번째 무덤에서 썩은 이후 두 번째 매장을 치를 때 사용되었다. 이 풍습은 (이스라엘의 왕정 시대인) 철기 시대부터 신약 시대까지 만연했다.

유대 종파 sectarian Judaism 유대교 내에서 일반적인 형태에서 벗어난 사상이나 운동을 가리킨다(라틴어 *secta*는 '단체, 당파'를 의미). 신약에서 '종파'(그. αἵρεσις하이레시스)는 바리새인(행 15:5; 26:5), 사두개인(5:17), 초기 그리스도인(24:5, 14; 28:22)을 묘사할 때 쓰였다. *쿰란 공동체 또한 때로 유대 종파의 일종으로 여겨졌다. 오늘날 대다수 학자는 1세기 *팔레스타인 유대교에 다양한 형태가 있었으며, 획일적이고 기준이 되는 유대교는 존재하지 않았음을 인식한다. 이러한 이유로 이 시기에 대해 다룰 때는 '유대교'Judaism 대신 '유대교들'Judaisms이나 '유대교의 다양한 유형들types'이라고 표현하는 것이 낫다.

유대계 그리스도인(들) Jewish Christians 유대계 기독 공동체^{JSP} 예수의 제자였거나 예수를 메시아로 고백하고 '예수의 이름으로' 세례 받은(행 2:38) 유대인 공동체. 가끔 초기 유대계 그리스도인들을 팔레스타인 그리스도인들이라고도 하는데, 이 운동 자체가 지리적으로 거의 팔레스타인으로 제한되었기 때문이다. 야고보의 지도 아래 있던 유대계 그리스도인들은(행 15:1-35; 21:17-26), 특별히 예루살렘 혹은 그 근처에 살았다면, 유대교의 전통과 신념 중 많은 부분을 유지했다. 즉 그들은 '유대인처럼 살았으며'live Jewishly, 기독교로 개종했다고 해서 유대인이기를 그만둘 필요가 없다고 느꼈다. 아마 이 유대계/팔레스타인 그리스도인들 중 일부가 현대 작가들이 *유대주의자Judaizer라고 부르는 집단으로, 바울로 하여금 이방인 개종자들에게 예수 그리스도를 믿는 믿음 이외에 유대교 (율)법을 지키기를 요구한 사람들일 것이다(갈 2-3장). **참조.** *에비온파.

유대교 Judaism 유다이즘 시기와 성격에 따라 다양한 용어들이 사용된다. 고대 유대교Ancient Judaism는 초기 유대교Early Judaism와 같다. 형성기 유대교formative Judaism는 70-200년 사이의 유대교를 가리킨다. 유대교 안에는 다양한 분파가 있었지만, 그럼에도 유대인들 사이에는 보편적인common 믿음과 관습이 있었다. 그래서 샌더스Sanders는 이를 가리키는 용어로 주류 유대교common Judaism라는 용어를 고안해 냈다.● 근래 학자들은 샌더스의 주류 유대교라는 용어가 이전 시대의 규범적 유대교normative Judaism 개념과는 다르다는 점을 인정하면서도, 언약적 율법주의에 기초한 주류 유대교의 개념이 여전히 제2성전기 유대교 안의 다양성을 충분히 살려 내지 못한다는 점을 비판하기도 한다. 예를 들어, 가브리엘 보카치니Gabriele Boccaccini는 에녹계 유대교Enochic Judaism를 제2성전기에 존재했던 하나의 독특한 별개의 흐름으로 간주한다. 존 콜린스John J. Collins 역시 여러 종류의 문헌들—묵시 문학, 지혜 문학, 여러 위경들, 그리고 조각으로만 전해지는 자료들fragments 등—에 나타나는 다양한 유대 전통 해석 방식이 언약적 율법주의로 축소될 수 없다고 주장한다. **참조.** *제2성전기 유대교, *랍비 유대교, *팔레스타인 유대교, *헬레니즘(적) 유대교.

유대교 저주 기도문 Birkat Haminim 비르카트 하미님 문자 자체는 '이단의 축복'을 의미하지만, 일반적으로 유대교 내 그리스도인과 비신자의 갈등이 심화되었을 때 *회당에서 쫓겨난 *유대계 그리스도인들을 향한 '저주'를 의미한다(참조. 요 9:22; 12:42; 16:2). 몇몇 회당에서 낭독하는 18개조 기도문에는 다음과 같은 표현이 등장한다. "배신자들에게는 희망이 없게 하시고, 오만한 왕국을 심판으로 속히 멸절하소서. **오만한 자를 낮추시는 주님만이 찬송을 받으십니다.**"

● 알맹e 자체 항목이며 이어지는 부분은 **DHJ**가 작성함.

유대주의자 Judaizers 모든 이방인 그리스도인들(기독 공동체)이 유대교 관습을 지킴으로써 '유대인처럼 살아야' 한다고 믿었던 *유대계 그리스도인들Jewish Christians을 가리킨다(갈 2:14). 유대주의자라는 단어는 신약에 나타나지 않지만, '유대화'judaizing하려는 시도들은 바울이 주장했던 "율법의 행위가 아니라 예수 그리스도를 믿는 믿음으로" 받는 구원과 충돌했다(갈 2:16). 바울은 *유대계 그리스도인들로 하여금 유대식 삶이나 민족 정체성을 버리도록 권장한 적이 없었음을 이해하는 것이 중요하겠다. 대신 그는 그가 유대 관습을 지키지 말라고 했다는 거짓된 비난을 받았다(행 21:1).

유래설화 etiology 원인론原因論HJR 장소, 지파, 의례가 가진 이름의 기원을 알려 주는 이야기(*사가saga). 예를 들어, 창세기 2장에 등장하는 여자 창조는 결혼의 유래설화로 여겨진다. "이러므로 남자가 부모를 떠나 그의 아내와 합하여 둘이 한 몸을 이룰지로다"(창 2:24). 야곱이 하늘에 닿는 사닥다리와 하나님이 아브라함의 약속을 되풀이하는 장면에 대한 꿈을 꾼 장소의 이름을 지어 주는 이야기도(창 28:10-22), 옛 이름이 루스였던 지명 벧엘('하나님의 집')의 유래설화로 볼 수 있다(창 28:19). **참조.** *전설.

유물론 비평 materialist criticism 정치 비평political criticism으로도 알려진 이 접근법은 성경 본문이 이익을 누리는 사람들에 의해 제작되고 유통된 '물리적 제품'physical product이라고 생각한다. 이 이론에 의하면 텍스트(들)는 특정한 역사적 시점과 사회경제적 배경에서 탄생하는데, 유물론 비평가들은 재산이나 권력을 가진 사람처럼 이 텍스트(들)로 말미암아 가장 많은 이익을 본 사람을 찾아내려 한다. 유물론 비평적 읽기는 성경의 인간적 기원에 초점을 두고 텍스트의 권위를 상대화하는 경향이 있다. 유물론 비평가들에 의하면, *십계명 같은 텍스트도 재산을 소유하며 사실 증언이나 거짓 증언을 할 수 있을 정도로 사회에서 존중받는 결혼한 남성의 권리를 염두에 두고 있다. 유물론적 비평은 대개 신학과 사회정치적 관심사를 결합하려는 해방 신학자들과 연관성을 갖는다. 계층이나 성性에 대한 문제는 유물론 비평의 가장 중요한 관심사다.

유배流配 exile 포로, 망명 *바빌론 유배; *디아스포라를 보라.

유사문미類似文尾 homoioteleuton 문자 그대로 '비슷한 끝ending'을 의미하며, 유사한 끝부분이 반복될 경우를 가리키는 용어. 사본 필사 중 등장하는 유사한 어미(혹은 문미)는 시각적 실수를 야기하여, 단어 혹은 한 줄 전체까지도 생략하게 만든다. 예를 들어 바티칸 사본 Codex Vaticanus 요한복음 17:15의 필사자는 텍스트에서 한 줄 전체를 생략했다. 참조. *중복오사; *중자탈오; *본문 비평.

유스티누스, 순교자 Justin Martyr (약 100-165) 유스티노, 저스틴 마터 교회의 첫 위대한 변증가(호교가). 유스티누스의 *First Apology* (『초기 기독교 교부들: 순교자 유스티누스의 제1변증서』, 두란노, 2011, 294-375)는 로마에서 155년경 안토니누스 피우스 황제Antoninus Pius에게 쓴 편지로, 교회를 향해 쏟아진 부도덕성에 대한 잘못된 비난을 다루며 기독교 신앙에 대해 제시하고 설명한다. 그의 다른 저서들에서 유스티누스는 신앙에 관한 주장과 이성을 조화시키려 했다. 그는 제자 중 몇 명과 함께 그리스도인으로 고발당했고, 로마 신전에 제물을 바치지 않았다는 이유로 처형당했다.

유전遺傳 paradosis 전승HJR, 파라도시스 저수된 관습이나 신념을 가리키는 용어로(그리스어 παράδοσις는 '전통'을 의미), *복음서에 나오는 "장로들의 전통"(마 15:2-3; 막 7:5, 13)이나 바울이 그리스도의 계시와 대조하는 "사람의 전통"(골 2:8)이 그 예다. 바울은 자신이 '전수받은'(παραλαμβάνω파라람바노) 기독교 전승을 중시했으며, 그의 회중에게 '전수'(παραδίδωμι파라디도미)했다(고전 11:23-25; 15:3-4).

육경 Hexateuch 하나의 통합된 문학적 독립체로 여길 수 있는 구약의 첫 여섯 권을 가리킨다. 어떤 학자들은 여호수아기가 *오경에 포함되기 때문에, 전통적 구분 방식인 다섯 권 대신 여섯hex 권이 한 묶음이라고 주장한다. 이 여섯 권은 *양식 비평적 근거(예. 짧은 *신조creed의 반복; 수 24:1-28과 신 26:5-11을 비교해 보라)와, 아브라함에게 주어진 땅 약속을 완료하는 정복 전승 등을 포함하기에 통일성이 보인다. 하지만 다른 한편으로 전통적인 정경적 구분 시,

선택, *언약, 율법, 구원을 통해 성경적 신앙의 근본 등을 설명하는 오경 자체만의 통일성을 간과해서는 안 된다. **참조.** *오경; *토라.

은사 charisma 카리스마 그리스어로 '선물, 은혜'를 뜻하는 Χάριςς카리스에서 파생되었으며, 신약 저자들이 교회 내에서 나타나는 방언, 예언, 지혜, 지식, 믿음과 같은 다양한 영적 은사들(χαρίσματα카리스마타)을 묘사할 때 사용한다(참조. 롬 12:6-8; 고전 12:8-10, 28; 벧전 4:10-11). 이 용어의 형용사인 charismatic(카리스마 있는)은 보통 영적 은사(들)를 갖고 있거나 드러내는 사람을 뜻하나, 요즘은 주로 *방언의 은사를 받은 사람을 설명하는 데 쓰인다. 구약에서는 "여호와의 영"이 임한 사람들이 예언을 할 수 있었다(참조. 삿 3:10; 민 11:25, 29; 사 42:1; 62:1-2; 욜 2:28-29; 슥 12:10).

은유 metaphor 암유, 비유, 메타포 일반적으로 어떤 것의 특징, 성질 혹은 행동이 다른 것에 적용되는 함축된 비교를 가리킨다(예. 하나님을 목자로 얘기하는 것). 좀더 섬세한 분석에 따르면 은유에는 두 가지 요소가 있다. '원관념'tenor, 주지은 은유가 적용되는 대상이며, '보조관념'vehicle, 매체은 은유적 단어 그 자체다(예. '하나님'은 원관념, '목자'는 보조관념이다). 좀더 자세히 분석하려면 은유가 어떻게 달성되는지를 봐야 한다. '대치'substitution는 어떤 것이 더 문자적으로 쓰일 수 있는 경우를 의미하고, '정서적 효과'emotive effect는 은유가 말하는 내용보다 그것이 청중에게 갖는 영향을 더 중요하게 여기는 경우를 뜻하고, '증대'increment는 다른 방식으로는 묘사할 수 없는 것에 대해서 저자가 말하는 것을 가능케 하는 유일한 인지적 보조관념이다. 재닛 소스키스Janet Soskice는 *Metaphor and Religious Language*은유와 종교 언어(1985)에서 조심스러운 신학적 사실주의theological realism가 하나님에 대해 말할 때 언어가 어떻게 사용되는지를 가장 잘 설명한다고 했다. 따라서, 예를 들어 하나님을 아버지 혹은 전사, 어머니의 심상으로 이야기하는 것은 (하나님의 이해를 돕는 그 묘사 언어가 아무리 잠정적이거나 부적절하더라도) 하나님의 본성을 진정으로 묘사하는 것이 된다.

이그나티우스 St. Ignatius (약 35-107) 이냐시오(스) 안티오키아안디옥의 감독이자 초기 교부였다. 로마의 교회와 소아시아의 많은 교회에게 편지를 썼으며, 로마에서 황제 트라야누스Traianus, Trajan로 말미암아 순교했다. 이그나티우스의 서신들(『일곱 편지』, 분도출판사, 2000)은 기독교 신학이 교부 시대에서 2세기까지 어떻게 다양하게 전개되었는지를 보여 준다.

이레나이우스 Irenaeus, 그. Εἰρηναῖος에이레나이오스 (약 135-약 202) 이레네오, 이레네우스 초기 기독교 교부. 소아시아 스미르나서머나에서 태어난 이레나이우스는 후에 루그두눔Lugdunum(현 프랑스 리옹)의 감독이 되고, 로마 제국 전역을 여행했다. 2세기의 마지막 25년 동안 정통 기독교와 *영지주의는 사람들의 마음과 정신을 얻기 위해 싸웠는데, 그의 주요 저서 *Adversus haereses*[*Against Heresies*이단반박; 한국어로는 『초기 기독교 교부들』(두란노, 2011)에 1, 3, 5권이 실려 있음ⓒ]에서 그는 *영지주의자들의 잘못된 성경 해석을 문제 삼았다. 이레나이우스에 의하면 진정한 성경 해석은 '교회의 신앙 규칙'church's rule of faith, 그리스도에 대한 증언, 그리고 여러 사도들의 가르침과 일치해야 한다.

이븐 에즈라 Ibn Ezra (1092/1093-1167) 텍스트의 '평이한 의미'(*페샤트*peshat)에 대한 관심과 학식으로 잘 알려진 유대 해석가. 그의 해석, 특별히 이사야서와 *토라에 대한 해석은 많은 현대 주석가의 관심사를 앞질렀다. **참조.** *이사야(서) 복수 저자설; 오경 *문서설.

이사야(서) 복수 저자설 multiple authorship of Isaiah 이사야서의 구성과 복수 저자설에 대한 문제를 의미하는 용어. 18세기 후반 비평학계(둠B. Duhm)에 의하면 이사야서는 문체, 주제, 배경의 차이를 근거로 세 부분으로 나뉜다(하지만 이르게는 중세 시대에도 *이븐 에즈라와 같은 주석가들이 문체의 차이를 알아차렸다). 이러한 구분에 따르면, 제1이사야First Isaiah는 예루살렘의 이사야로, 기원전 8세기에 속하는 문서다. *제2이사야Deutero-Isaiah, Second Isaiah는 40-55장에 해당하며 *유배流配 시대를 배경으로 쓰였다. 제3이사야Trito-Isaiah, Third Isaiah는 56-66장에 해당하며, 유배 이후 시대postexilic의 이스라엘 땅을 배경으로 하는 주제들을 반영한다. 이사야서의 복수 저자설을 견지하는 많은 학자는 이 각 권의 차이나 세 '이사야서들'의 차이나 개성을 강조하는 대신에 각 부분이 어떻게 하나의 문학적 완전체로서 현재의 이사야서 전체를 이해하는 데 도움을 주는지, 특별히 어떤 주제가 어떻게 선정되어 후대의 맥락에 사용되는지에 대해 논의한다.

이삭 결박 binding of Isaac *아케다를 보라.

이위일체론 binitarianism 성부와 성자만이 하나의 본질이나 실체를 공유하며 성령은 둘 사이의 비인격적인 능력에 불과하다고 정의함으로써 성령의 신성을 부인하는 교리. 이 교리는 로마서 4:24, 고린도후서 4:1, 디모데전서 2:5-6과 같은 텍스트에서 성부 하나님과 성자 예수가 긴밀한 관계에 있다는 점에서 시작되었다. 이는 하나님Godhead의 세 위격(성부, 성자, 성령) 모두 신성을 가졌음을 인정하는 삼위일체와는 다르다. 초기 기독교 예배에 대한 논의에서는 성부 하나님과 성자를 향한 초대 기독교의 헌신devotion을 때로 이위일체적이거나 '이위일체적 형태'를 띤다고 묘사한다.

이적 기사 miracle story 예수, 바울, 혹은 다른 성경 인물이 일으킨 이적을 묘사하는 이야기. *양식 비평 방법으로 *복음서를 분석할 때 사용되는 전문 용어이기도 하다. **참조.** *영웅적 덕행.

이중 전승 double tradition 복음서 연구에서 마태복음과 누가복음에만 나타나고 마가복음에는 없는 전승을 의미한다. 이를 근거로 마태와 누가가 예수 어록을 위해 마가복음과는 다른 별도의 자료(*Q)를 사용했음을 추정할 수 있다. **참조.** *네자료설; *공관복음; *삼중 전승.

익명(저자), 익명(저자)의 anonymity, anonymous 문자 그대로 '이름 없음'을 의미한다('없음'을 뜻하는 그리스어 ἀν안과 '이름'을 뜻하는 그리스어 ὄνομα오노마를 합친 것에서 유래). 작가의 이름을 드러내지 않는 문학 작품을 설명하는 단어. 예를 들어 네 복음서는 지금처럼 마태, 마가, 누가, 요한이라는 이름이 주어지기 전에는 아마 익명으로 대략 50년간 유포되었을 것이다. 히브리서 또한 바울이 썼다는 가설이 등장하기 전에는 익명의 문서로 퍼졌다. 구약의 역사서와 많은 시편도 작가의 신원을 드러내지 않는다. **참조.** *위명(저자).

일관성의 원칙 criterion of coherence 신약학자들이 예수 어록의 진정성을 결정하기 위해 사용한 원칙 중 하나. *비유사성의 원칙이나 *다중 증언의 기준과 같이 다른 원칙으로 이미 확립한 자료에서 드러난 형태와 내용이, 확인되지 않은 어록과 '일관'되게 '일치'할 때, 그 어록이 진정하다고 여긴다. **참조.** *진정성 판단 기준.

일신 예배 monolatry 일신 숭배 *단일신교를 보라.

있었던 그대로의 과거 Wie es eigentlich geschehen ist 비 에스 아이겐틀리히 게세헨 이스트 '실제 일어난 그대로'as it actually happened로 번역할 수 있는 독일어 어구. 과거의 역사를 실제로 일어난 그대로 재구성할 수 있다는 19-20세기 실증주의 역사학자들 사이에서 유행했던 전제의 특색을 잘 나타내는 경구로 가끔 쓰인다.

ㅈ

자료 비평 source criticism 어떤 문헌의 자료근원, 출처를 찾아내려는 성경 본문 해석 방법. 이 접근법의 전제는 어떤 성경 본문이 *구두 전승과 기록의 전 과정에서 확장, 편집의 긴 과정을 거쳤다는 것이다. 자료 비평학자들은 본문텍스트 내 자료들의 증거를 찾기 위해 사용된 언어, 문체, 신명, 중복되는 이야기, 본문 간의 혹은 본문 속의 불일치 등을 근거로 본문들을 분석한다. 구약학 자료 비평에서 가장 중요한 분야는 *오경이다. 예를 들어 자료 비평학자들의 분석에 의하면, 창세기 1:1-2:4a은 하나님을 엘로힘으로 부르고, 창조 기사를 질서 있고 밀도 있게 전달하며, 남성과 여성의 사람을 창조의 절정으로 여긴다. 반대로 창세기 2장은 야훼 엘로힘이라는 표현을 사용하며, (하루하루의 내용을 기록하는 대신) 이야기를 들려주며, 아담이 창조된 후에 하와가 창조된다고 얘기한다. 그러므로 자료 비평학자들은 두 창조 기사가 두 개의 자료(*제사장 자료 P와 *야휘스트 자료 J)에서 유래했다고 결론짓는다. 복음서 연구에서 자료 비평학자들은 사복음서를 다루며 그중에서도 특별히 세 *공관복음서를 연구하는데, 이 때 어떤 문학 자료가 사용되었는지를 추적하기 위해 서로를 비교·분석한다. 자료 비평 연구는 한 문서가 갖는 문체와 서술의 불일치 문제를 다루지만, 어떻게 지금의 통일된 구성을 갖게 되었는지에 대한 의문은 해결하지 않는다. **참조.** *문서설; *네자료설; *두자료설.

자위전환SNK metathesis 문자전환 필사자가 자필로 사본을 옮기는 과정에서 생기는 문자 혹은 단어, 어구의 치환(자리 바뀜)이다. 예를 들어 마가복음 14:65의 어떤 사본에는 ἐλαβον엘라본('취했다')이 ἐβαλον에발론('던졌다')으로 나온다. **참조.** *본문 비평.

자의적 주석 eisegesis 본문'으로부터' from 의미를 읽는 것(*주석exegesis)이 아니라, 본문에 의미를 '집어넣어서' into 읽는 행위.

잠언 proverb 속담, 격언, 금언, 교훈 "뛰는 놈 위에 나는 놈 있다"처럼 일반적인 인간의 경험에 대한 지혜를 요약하는 짧고 대중적인 말. 잠언은 대개 진부하고 심지어 지루해 보인다. 하지만 이를 '작은 시'처럼 여기는 마음으로 잘 생각해 보고 또 잠언이 묘사하는 '이야기'를 상상해 보면, 그 안에 큰 힘과 가르침이 있음을 알게 된다. (때로 경구epigrams나 *아포리즘으로 불리는) 성경의 잠언은, 대개 세련되고 날카롭기 때문에(재치 있거나 풍자적임), '잘 사는 기술'에 대한 가르침을 그 의도로 하며, 또한 '여호와를 경외하는' 독특한 신앙의 관점으로 세상을 볼 수 있도록 독자를 초대한다. 예를 들어 잠언 26:9에는 다음과 같은 내용이 나온다. "미련한 자의 입의 잠언은 술 취한 자가 손에 든 가시나무 같으니라." 허세 가득한 술 취한 사람이 가시나무를 칼처럼 들고 있는 장면을 묘사하면서, 바로 이 모습이 바보가 잠언을 들고 있는 것과 같다고 한다! 잠언에서 잘 사는 기술을 간파하기 위해서는 기술과 통찰이 필요하다(참조. 잠 1:2-7 및 1-9장의 전체적인 내용). 신약의 잠언으로는 마태복음 6:21("네 보물 있는 그 곳에는 네 마음도 있느니라")과 26:52이 있다("칼을 가지는 자는 다 칼로 망하느니라"). **참조.** *마샬; *평행법.

장르 genre 문학 비평학자들이 문학의 종류나 양식을 일컬을 때 쓰는 용어('스타일'을 의미하는 불어 단어). 장르를 정할 때에는 소재, 구조, 스타일을 고려한다. 신약 저자들은 장르들 중에서 *복음서,

서신, *묵시 문학 장르를 사용한다. **참조.** *장르 비평; *가퉁.

장르 비평 genre criticism 유형 비평 문헌을 유형이나 종류에 따라 분류하려는 텍스트 접근법. 장르 구분은 비극과 희극에서부터 서정시와 풍자까지 다양하고 많다. 구분의 기준들은 가변적이므로 성경 내의 여러 장르를 구분할 때 조심해야 하는데, 이는 성경 시대에는 어떻게 다양한 문학적 형태가 사용되는지를 설명해 주는 시학poetics에 대한 이론적 작업이 없었기 때문이다. 더불어 분류의 의의에 대한 설명이 없는 분류 자체가 반드시 이롭다고는 할 수 없다. 그럼에도 본문의 장르를 정하는 작업이 성경의 이해와 오독 예방에 도움이 된다. 예를 들어 시편 51편이 *탄원 장르의 예시라는 점을 이해한다면, 독자는 표제superscription에 쓰인 전기적 요소들에 대해 과히 편협하게 집중하지 않게 될 것이다. 이 시편의 단어들과 다윗의 생애에 일어난 사건들을 연결하려는 노력 때문에 독자는 분명하게 드러난 탄원탄식과 참회의 성질을 놓칠 수 있고, 이 시가 독자에게 전달하려는 회개를 향한 감정적 외침을 잃을 수 있다. 장르 비평은 단락들이나 텍스트를 형태, 스타일, 내용에 따라 분류하려 하고, 동시에 이런 구분이 텍스트를 이해하는 데 결정적이라고 가정한다.

재림 Parousia 다시 오심 파루시아는 '오는 것, 도착'을 의미하는 그리스어 단어 παρουσία의 음역('다시'라는 뜻이 원어에는 내포되어 있지 않음SYK)으로, 일반적으로 재림 자체와 그리스도가 마지막 때에 있음(presence; πάρειμι파레이미)을 가리킨다(고전 16:22; 계 22:7, 12, 20). **참조.** *종말론.

재앙 신탁 woe oracle 곧 일어날 심판을 알리는 예언자적 발화의 형태. 아모스가 이스라엘에게 경고하는 장면에서 그 예를 찾을 수 있다: "화 있을진저 여호와의 날을 사모하는 자여…그날은 어둠이요 빛이 아니라"(5:18).

저주 시편 imprecatory psalms 하나님에게 하나님 백성의 원수를 파멸하도록 간청하는 시편을 가리키며, 복수 시편이라고도 한다. 저주 시편은 어떤 현대 독자에게는 불편할 수 있고, 심지어 혐오스러울 수 있다(예. 시 137:9: "네[바빌론의] 어린 것들을 바위에 메어치는 자는 복이 있으리로다"). 어떤 사람들은 특별히 예배 때 사용하는 시편이나 성경 읽기에서 이런 구절들을 배제하거나, 이들이 신약에서 원수를 사랑하라는 명령에 의해 대체되었다고 한다. 다른 사람들은 이런 시들을 깊은 감정을 드러내는 솔직한 표현으로 본다. 이들은 저주 시편을 '하나님에게 드리는 기도'로 보면서, 시편 기자가 이러한 시편을 통해서 자신의 분노를 하나님에게 넘겨 드린다고 본다. 이 후자의 견해에 따르면 하나님은 정의와 자비로 원수들을 대할 것이기에 화해와 회복의 가능성이 존재한다.

저주 텍스트(들) execration texts 도기 위에 적은 뒤 깨뜨린, 적을 향한 저주의 텍스트들을 가리킨다. 대다수가 이집트 중왕국 시대(기원전 약 2100-1800)에 속한 것으로 보이는 부서진 그릇(및 다른 자료들)을 고고학자들이 찾았는데, 그 위에는 이집트 적들의 이름이 적혀 있었다. 원수의 이름을 그릇에 적은 후 파괴함으로써 그 원수들에게 저주execration가 가해졌다. 몇몇 조각에서 발견된 이름들은 당시 이집트가 가나안과 교류했거나 가나안을 지배했음을 보여 준다(아스글론, 에글론, 하솔, 예루살렘).

전설 legend *사가saga와 흡사한 문학 장르이지만, 이야기 속 주인공의 '성품'과 '재능'에 더 집중한다. 전설은 주로 독자로 하여금 행동 절차를 밟도록 초대하는 권장의 내용을 갖는다. 예를 들어 외국 궁정으로 간 요셉이나 다니엘의 이야기는 각 개인의 성품에 집중하며, 또한 무서운 상황에서 신실함과 지혜를 갖도록 초대한다. 학자들이 어떤 이야기를 전설로 분류할 때 그들은 장르를 논하는 것이기에 해당 이야기의 역사성을 반드시 부인하는 것은 아니다. **참조.** *유래설화.

전승 비평 tradition criticism *구두 전승 과정에서 다양한 역사 전승이 발달한 방식들을 설명하려는 본문텍스트 해석 접근법. 예를 들어 다양한 부족 사회에서 유포된 이야기들이 결국 하나로 합쳐져 하나의 더 큰 단위로 연결되어, 아시리아 위기 때 예언자가 선포한 계시로 사용되었다가, 후에 바빌론 위기 때 확장되어 사용되었는지도 모른다. 예수의 가르침과 그에 대한 이야기 역시 최종 양식을 갖기 전에는 다양한 구두 전승 단계를 거쳤을 것이다. 전승 비평가들은 최종 편집이나 편찬에 도달하기까지의 이러한 다양한 전승 단계들을 쭉 살펴보는 것을 과업으로 삼는다. 참조. *양식 비평; *예수 전승; *편집 비평.

전승사 Traditionsgeschichte '전승 역사'로 번역할 수 있는 독일어 용어. 참조. *전승 비평.

전승자 tradent 전통이나 전통들을 보존하고 재현하는 사람 혹은 그런 사람의 모임. 마이클 피쉬베인Michael Fishbane은 전통의 내용을 의미하는 *traditum*트라디툼과 그 전통이 전수되는 방식을 의미하는 *traditio*트라디티오의 차이를 볼 수 있게 해 주었다(*Biblical Interpretation in Ancient Israel*고대 이스라엘의 성경 해석, 1985). 전승자들은 단순히 전통을 재생산하는 것이 아니라, 새롭고 신선한 방식으로 다시 현실화한다. 역대기는 전통적인 자료들을 재작업한 명백한 예시이며(특히 사무엘기와 열왕기), 많은 학자에 의하면 마태와 누가는 그들의 주된 자료로 마가복음을 사용했다. 이런 과정은 법 자료에서도 나타난다. 신명기 5:12-15은 안식일을 지킬 동기로 출애굽 사건을 제시하며, 출애굽기 20:8-11은 창조 기사를 언급한다.

전집JSP corpus 전서 '몸'이나 특정 종류의 글 모음을 가리킨다(라틴어 *corpus*는 '몸'을 뜻함; 복. 코르포라*corpora*). 따라서 신약 내 바울이나 요한이 쓴 것으로 여겨지는 문헌을 바울(계) 전집Pauline corpus, 요한(계) 전집Johannine corpus으로 부르기도 한다. 예를 들어 바울을 저자로 표기하는 서신의 바울 저작설을 의심하는 사람들은 바울(계) 전집과 *제2바울(계) 전집을 구분하여 지칭하곤 한다.

전형적 장면典型- type scene 예형例形- 어떤 이야기의 한 장면scene이 어떤 다른 이야기의 장면을 묘사하는 문학적 관습convention의 역할을 하는 경우를 말한다. (사라와 하갈; 한나와 브닌나처럼) 불임 아내와 자녀를 낳은 아내 혹은 첩 사이의 비통한 대립 관계와 같은 병행 혹은 반복되는 장면은, 이야기들의 *구두 전승이나, (*자료 비평에 의하면) 다른 자료나, 또는 성경 서사의 문학적 기교의 일부를 뜻하는 문학적 관습의 일부로 여겨질 수 있다. 저자는 전형 장면을 사용하여 청자 혹은 독자의 기대를 이끌어 내고, 관습을 다양하게 변경함으로써 그 기대를 재창조할 수 있다. 모든 문화는 문학적 관습들을 다양하게 변형하여 사용한다. "아주 먼 옛날"Once upon a time이나 "아주 먼 우주 저편에"In a galaxy far, far away 등은 이런 전통 기법의 현대적 예시다. **참조.** *라이트모티프; *라이트보르트.

점술 지혜 mantic wisdom 예언 지혜 고대 사회의 궁정이나 성전에 연관되어 있으며 점술과도 관계가 있는 *지혜의 종류다. 현자나 조언자는 땅의 것들과 하늘의 것들이 일치한다는 원칙을 근거로 '징조들'(내장, 천체 등과 같은 다양한 현상들)을 해석하는 방법과, 미래의 사건이나 일이 어떻게 진행될지 예견하는 방법을 배울 수 있다고 보았다. 성경은 대부분의 이런 관습을 금지하지만(예. 점성술), 요셉과 다니엘은 각각 파라오와 왕을 위해 꿈을 해석한 것으로 볼 때 이러한 유형의 지혜와 가끔 연관되었다.

정경 canon 성경 책들의 선별 수집collection과 형성에 있어 그 최종 상태의 권위적 지위를 언급하는 용어(문자 자체는 '계량용 막대기, 기준'을 의미). 때로는 책이 나열된 순서가 다르고(히브리식 순서는 *타나크를 참조), 정경을 구성하는 책들이 다르지만[가톨릭 정경은 *'제2정경'(개신교는 구약 *외경으로 부름)으로 불리는 것들을 포함], 정경에 포함된 책 목록은 공인된 것으로서 교리와 관습(관행)의 기준이 된다. 유대교 정경은 제1차 유대-로마 전쟁(66-74) 이후 *얌니아/야브네 회의에서 논의되었고, 그 논의는 2세기까지 이어졌다. 신약 성경을 이루는 27권의 책 목록은 4세기에 알렉산드리아 감독 *아타나시우스에 의해 그 권위 있는 위상를 지니게 되었다. 따라서 '정경'은 성경 책(들) 자체를 가리키거나, 혹은 신자 공동체에서 그 책들이 가진 권위적인 기능을 가리키기도 하며, 성경의 수용성adaptability과 안정성stability 모두를 증언한다. '정경화'canonization는 이 책들이 독특하게 권위 있는 책들로 자리매김되는 과정을 가리킨다. **참조.** *카르타고 공의회; *제2정경.

정경 복음서 canonical Gospels *복음서, 정경을 보라.

정경 비평 canonical criticism 정경으로서 성경이 가진 권위와, 성경 전체 속에서 각 권이 가지는 신학적 맥락에 따라 성경을 해석하려는 방식. 따라서 정경 비평은 성경이 작성되거나 전파된 초기 단계들 대신 성경 본문들의 최종 형태에 집중한다(하지만 그런 단계들을 인정하는 것이 이 방법론에 속한 몇몇 방식에서는 필수적인 요소일 때도 있다). 나아가 정경 비평학자들은 성경 해석의 목표가 신앙 공동체 내에서 이루어지는 신학적 성찰이라고 주장한다. 예를 들어 *토라와 복음서는 정경에서 독특한 기능을 한다. 이들은 가장 중요하며, 가장 기본적이기에 별도로 구분된다. 구약의 예언서나 신약의 바울 서신이 토라와 복음서보다 먼저 현재의 모습을 갖추게 되었을지라도, 예언서나 바울 서신은 각각 토라와 복음서를 바탕으로 읽어야 한다. 정경 비평은 성경을 '경전', 즉 신앙 공동체에게 속한 권위 있는 텍스트로 여기고 신학적 성찰을 성경 본문 읽기의 일부분으로 받아들인다. **참조.** *차일즈, 브레바드 S.

정언(명)법定言(命)法 apodictic law 필연법, 절대법 직접적 명령법imperative mood으로 "너는…하라" 혹은 "너는…하지 말라"와 같이 말하는 형태의 법률. "살인하지 말라"(출 20:13)에서 나타난 것처럼 주로 자세한 내용이나 처벌 경감 사유에 대한 언급이 없으며, 시행 여부에 따른 결과도 세부적으로 다루지 않는다. *결의법과는 반대되는 개념이다.

정체성 표지 identity markers ***바울에 관한 새 관점**을 보라.

제1차 유대(인) 봉기JSP Jewish Revolt 유대(독립)전쟁SNK 66-70년에 유대인이 로마를 대상으로 벌인 전쟁. 유대인이 외세에 대항하여 반란을 일으킨 적은 많지만(아시리아, 바빌로니아, 고대 그리스), 성경 역사에서 가장 많이 언급되는 것이 66년에 시작된 이 전쟁으로, 티투스Titus 로마 장군에 의한 예루살렘의 멸망과 성전 파괴를 야기했다(70). *바르 코크바의 난으로 알려진 두 번째 반란은 132-135년에 일어났다. **참조.** *열심당원.

제2바울(계) (서신)JSP deutero-Pauline 문자적으로는 '제2의'두 번째 바울을 의미한다. 이 용어는 바울을 저자로 표기하지만 그 저작설이 특정 언어학적·신학적·역사적 요소들로 말미암아 의심되는 서신들을 가리킨다(예. 데살로니가후서, 골로새서, 에베소서, 디모데전서, 디모데후서, 디도서). **참조.** *위경; *위명(저자).

제2성전기 유대교 Second Temple Judaism 제2성전 시대 유대교 두 번째 성전이 완성된 기원전 516년경부터 예루살렘이 멸망하고 로마 제국이 헤롯의 성전을 파괴한 70년까지의 유대 역사와 문헌이 속한 시기. 현재 주류 신약학계에서는 더 일반적으로 쓰였던 용어 *'신구약 *중간기'Intertestamental Period를 대체하여 사용되고 있다.

제2이사야 Deutero-Isaiah, Second Isaiah 이사야 40-55장을 일컫는 용어로, 많은 학자에 의하면 이사야 1-39장(제1이사야)과 이사야 56-66장(*제3이사야)의 저자와는 다른 사람이 저술했다. 이 본문은 앞뒤 본문과 그 문체, 주제, 배경이 다르고, 이에 따라 학자들은 이 부분이 기원전 8세기의 역사 속 예언자 이사야의 시대로부터 훨씬 뒤인 *바빌론 유배 기간에 기록되었다고 본다(기원전 587-537). **참조.** *이사야(서) 복수 저자설.

제2정경(의 책들) deuterocanonical books 유대교 정경에는 포함되지 않았으나 *칠십인경LXX, 그리스어 구약에는 들어 있는 책들. 개신교에서는 일반적으로 이 책들을 *외경이라 부르나, 로마 가톨릭이나 정교회에서는 정경의 일부로 간주한다. 토비트서(토빗), 유딧서(유딧), 마카베오1서(1마카), 마카베오2서(2마카), 지혜서(지혜)솔로몬의 지혜, 집회서(벤 시라)시락서, 바룩서(바룩)가 이에 해당한다. 개신교 종교개혁가들은 마르틴 *루터의 뒤를 따라 유대교 정경에 있는 책들만 받아들였으나, 로마 가톨릭은 1546년에 *트렌트 공의회를 통해(에스라3서 에스드라 1서, 에스라4서에스드라2서, 므낫세의 기도Prayer of Manasseh, 마카베오3·4서를 제외한) *외경을 정경으로 선언했다. 따라서 문자적으로 '두 번째 정경'second-canon을 의미하는 '제2정경적'deuterocanonical이라는 형용사는 이 책들을 정경으로 택한 기독교 공동체들에게 모욕적일 수 있다.

제3이사야 Trito-Isaiah, Third Isaiah 이사야 55-66장으로, *제2이사야(40-55장) 및 제1이사야(1-39장)의 저자가 아닌 다른 저자가 썼을 것으로 많은 학자가 믿고 있다. 곳곳의 문체가 독특하며, 주제와 배경이 유배 이후 팔레스타인 땅을 배경으로 함을 연상시킨다. **참조.** *바빌론 유배; *이사야(서) 복수 저자설.

제4철학(파) Fourth Philosophy *요세푸스가 '유대 철학파' 중 하나에 붙여 준 이름. 요세푸스는 세 개의 주요 유대 '종파'(바리새파, 사두개파, 에세네파)를 설명하는 맥락에서, 갈릴리 유다가 만들어 낸 '제4철학파'를 언급한다(*Ant.* 18.1.6 §§23-25; 『요세푸스 6권: 유대고대사』, 달산, 1992). 어떤 학자들은 요세푸스가 열심당원을 가리키는 말로 '제4철학파'를 사용했다고 생각한다. 다른 학자들은 무장 반란이 아닌 *토라에 대한 순종으로 외세의 지배와 탄압에 반역하려 했던 한 바리새파 집단을 가리킬 것이라 보았다.

제사장 문서 Priestly source 제사장 자료, P문서 오경 *문서설에서 제사장들의 전통과 신학적 관점을 반영하는 *오경의 자료를 의미한다. P로 불리는 이 자료는 세상의 창조에서 시작하여(창 1장) 여호수아기까지 이어진다. 제사장 문서의 작성 시기 측정은 어려웠으며, 일부 학자는 H문서Holiness, 성결 문서의 존재를 가정하면서, 성결 문서는 제사장의 관심사를 더욱 발전시킨 문서로 보았다. 그리고 이를 P문서의 저작(편집)시기에 대해 기원전 8세기와 6세기라는 다양한 견해의 근거가 된다고 본다. P문서의 특징으로는 어떤 다른 신이나 아령의 능력과도 비교될 수 없는 한 분 하나님에 대한 믿음을 들 수 있다. 하나님을 향한 모든 '위협'은 자유의지를 받아 노녁직이고 의례적인 죄를 통해 하나님을 거부한 인간에게서 비롯된다. 거룩함에 대한 이러한 위협은 심지어 하나님을 성전에서 떠나게도 할 수 있다. 성결이라는 상징 체계에서 이스라엘은 생명이나 죽음을 선택함으로써 하나님을 선택하거나 대적한다. 의례 제도를 통해 죄에 대해 속죄 행위가 가능했고, 그를 통해 개인을 공동체로, 공동체를 하나님에게로 회복했다. **참조.** *자료 비평.

제사장의 축복 priestly blessing 대제사장의 축복 민수기 6:24-26에 나오는 본문으로, 여호와가 모세(와 제사장들)에게 백성들을 축복하도록 가르친다.

제의 cult, cultus 하나님(혹은 신들)을 섬기기 위해 드리는 공적인 예배로, 특히 축제, 의례ritual, 제물 바치기를 가리키는 일반적인 용어. 신흥 종교new religious movements를 일컫는 비판적 호칭으로 널리 쓰이지만, 학자들은 이를 종류와 관계없이 예배를 묘사하는 단어로 사용한다. 예를 들어 *오경에 등장하는 정결한 짐승과 부정한 짐승 사이의 구분은 제의적 구분으로, 엄격한 유대인이 '거룩'할 수 있도록 돕는 일상 속 표시였다. 또한 음식법dietary laws은 거룩함과 거룩한 관습을 일깨워 주어, 평범한 일상 속 식사의 경우에서조차도 주를 예배하는 마음으로, 예배에서 멀어지게 하는 부정한 관습에서 분리되려는 자세로 준비했다.

제의사학파 Kultgeschichtliche Schule *신화 의례 학파를 보라.

족장사 patriarchal history 족장(들)의 역사 이스라엘의 족장 및 가모장matriarchs의 삶을 다루는 창세기 12-50장의 이야기다. 이 이야기들은 '역사'보다는 '서사'에 가까운데, 이는 많은 사건이, 주변 민족들에 대한 역사적 기록을 바탕으로 한 '정치적' 사건이 아니라, 하나님에 대한 개인적인 경험과 가정생활을 다루기 때문이다.

종교사학파 history of religions school, 독. Religionsgeschichtliche Schule 19세기 후반과 20세기 초반에 속한 '학파'(독. Schule) 혹은 학문적 운동으로, 유대교와 기독교를 그들이 속한 더 광범위한 종교적 배경과 역사적 유산의 관점에서 해석하려 했다. 대다수 독일 출신이었던 이 학자들은(*궁켈H. Gunkel, 부세트W. Bousset, 라이첸슈타인R. Reitzenstein, *브레데W. Wrede, *불트만R. Bultmann, 하이트뮐러W. Heitmüller 등) 유대교와 기독교가 다른 종교 운동으로부터 개념, 언어, 관습을 빌려 왔다고 주장했다. 그들이 제시하는 예로는, 기독교가 생기기 이전의 *영지주의 '원초 인간' 신화들을 기초로 했던 초기 기독교 기독론과, *신비주의 종교에서 선행된 기독교 세례가 있다.

종말론 eschatology 마지막 때에 대한 연구나 신념을 의미하는 그리스어 파생 용어(ἔσχατος에스카토스는 '마지막 [것들]'을 의미). 종말론적 언어와 사상은 구약, 신약, *제2성전기 유대교, 초기 기독교 문헌 속에 널리 퍼져 있다. 구약에서는 특별히 "여호와의 날"이나 "그날에" 같은 표현을 쓰는 *예언서에서 종말론적 사상을 찾을 수 있다. 이스라엘의 예언자들에게 그날은 하나님이 이스라엘의 불순종을 심판하는 때가 된다(암 5:18-20). 하지만 예언자들은 또한 *남은 자remnant들이 하나님에게 신실하게 순종하여 이스라엘 땅으로 돌아올 때, 심판으로부터 회복되는 시간이 있을 것이라 보았다(호 14:1-7). 회복은 주의 법이 모든 사람을 가르칠 때(미 4:1-4) 평화의 시대를 시작한다. 신약은 이런 심상을 이용하고 *묵시apocalyptic사상과 병합하여, 하나님이 옛 시대old age를 끝내고 새 시대를 시작하는 때, 죽음조차도 능력을 잃고 하나님이 피조물 가운데 거하는 때(계 21:1-5)를 포함하도록 이 심상들을 전개시킨다. **참조.** *재림; *실현된 종말론.

종말론, 실현된 realized eschatology 이미 종말론, 시작된 종말론, 인식된 종말론, 현세적 종말론 예수의 가르침에 등장하는 하나님 나라가 미래에 있지 않고, 예수의 인격과 사명에서 이미 '실현되었다'realized는 사상. 이 용어는 특히 *비유에 대한 학술적 연구로 잘 알려진 *도드C. H. Dodd가 고안한 것으로 알려져 있다. 대다수의 해석가는 도드의 입장을 극단적이라 비판하며, 하나님 나라가 예수의 삶과 사역 안에 존재하지만, 동시에 예수는 미래에 있을 하나님 나라의 최종 성취에 대해 이야기했다고 주장했다. 즉 하나님 나라는 '이미와 아직'already and not yet으로 공존한다. **참조.** *종말론; *재림.

종의 노래 Servant Songs *제2이사야에서 발견되는 이스라엘의 구속을 위해 고통받을 '여호와의 종'에 대해 이야기하는 본문들(42:1-4; 49:1-6; 50:4-9; 52:13-53:12). 유대교 전통에서 종the Servant은 일반적으로 개인보다는 이스라엘 자체라고 여겨 왔다. 기독교 전통에서 종은 예수가 자신의 메시아 사역을 설명하는 핵심적인 심상 중 하나다. 예를 들어 예수는 "인자가 온 것은 섬김을 받으려 함이 아니라 도리어 섬기려 하고 자기 목숨을 많은 사람의 대속물로 주려 함이니라"라고 말했다(막 10:45; 참조. 사 53:10-12).

종주(권) 조약 suzerainty treaties 종주-봉신 조약, 영주권 조약 종주(혹은 강력한 왕)와 봉신(혹은 약한 왕) 사이의 조약. 후기 청동기 시대(기원전 1550-1200)에 히타이트헷 제국Hittite Empire(터키 동쪽에 위치)은 조약을 맺음으로써 남쪽의 나라들(현재 시리아)을 통제하려 했다. '종주'suzerain와 '봉신'vassal 사이의 언약 혹은 조약은 정치적 관계의 기초를 형성했다. 이와 비슷한 조약 형태가 기원전 7세기로 거슬러 올라가는 신-아시리아Neo-Assyria 텍스트들에서도 발견되었다. 어떤 학자들은 이스라엘이 그의 왕 야훼와 맺은 *언약이 여기서 말하는 불균형한 종주-봉신 조약의 구조를 빌렸다고 주장한다. 다른 학자들은 (특별히 출애굽기에서 나타나는) 조약과 언약 사이의 다음과 같은 차이에 주목한다. 저주 조항의 부재 및 넘치는 축복, 형제애를 근거로 함, 성경 언약 속 법적 요소가 갖는 교훈적 역할.

주석JSP exegesis 석의, 주해 본문으로 그 본문 자체를 해석하는 것(그리스어 ἐξηγέομαι엑세게오마이는 '이끌다, 이끌어 내다'를 의미). 더 자세히 말하자면 절별verse-by-verse 혹은 어구별phrase-by-phrase로 설명하는 것을 주로 의미한다. 주석의 목표는 본문을 주의 깊게 분석함으로써 본문의 단어들과 의도를 최대한 명확하게 하는 데 있다. 추론은 중요하지 않으며, 대신 단어의 의미, 양식, 구조, (역사적·성경적) 맥락, 신학에 집중한다. 주석의 결과는 대개 무언가를 지시하기보다는 본문 자체를 설명하는 편이다. 하지만 많은 독자는 영적 문제에 대한 인도guidance를 성경 주석의 궁극적인 목적으로 삼고 있기에, 삶과의 관련성은 본문 해석을 위한 작업의 일부가 된다. **참조.** *자의적 주석; *해석학.

주술 magic 마술 자신의 의도를 위해 어떤 제문이나 의례를 사용하여 (선하거나 악한) 초자연적 능력을 불러내고 통제하고 조종하려는 시도. 가끔 마법이나 요술이라고도 불리는 주술은 고대 서아시아근동, 지중해, 그리스-로마 문화권 전역에서 흔하게 행해지던 관습이었다. 이스라엘 사람은 이런 관습에 가담하지 않도록 경고받았다(신 18:10-11). 신약은 시몬이라는 주술사에 대한 이야기(행 8:9)와 에페소스에베소에서 마술을 행하던 사람들을 언급한다(19:18-19).

주요한 서신들 Hauptbriefe하우프트브리페 일반적으로 바울의 네 서신(로마서, 고린도전후서, 갈라디아서)을 가리키는 독일어 용어(문자 그대로 '머리' 혹은 '주된' 편지들을 의미). '진정한'authentic 바울 서신으로 널리 여겨지는 일곱 서신(빌립보서, 데살로니가전서, 빌레몬서 및 네 편의 주요한 서신들)과 헷갈려서는 안 된다(그러나 *바우어F. C. Baur의 더 극단적인 관점에 의하면 네 편의 주요한 서신들만이 진정한 바울 서신이다). **참조.** *제2바울계; *바울 호몰로구메나.

주의 만찬 Lord's Supper *성찬을 보라.

주현 epiphany 현현 신이 인간에게 나타남을 가리킨다(그리스어 ἐπιφάνεια에피파네이아는 '나타나다, 나타내다'를 의미). 예를 들어 구약에서 하나님은 아담과 하와(창 1-3장), 아브라함(창 17:1), 모세(출 3장) 등에게 '나타났다.' 신약에서 주현은 예수가 인류에게 나타난 여러 경우(눅 1:78-79; 요 1:1-18; 딤후 1:10; 딛 2:11-14)와 재림 때 다시 나타날 것을 가리킨다(살후 2:8; 딤전 6:14). 교회는 예수가 동방박사들을 통해 이방인에게 나타난 것(마 2장)을 기리는 뜻에서 (크리스마스로부터 12일 뒤인) 1월 6일을 주현절the Feast of Epiphany로 기념한다. **참조.** *그리스도(의) 현현.

중간기(, 신구약) Intertestamental Period, 독. der Raum zwischen den Testamenten 신구약 중간사, 신약 배경사, 신약 시대사 등 다양한 명칭으로 불리는 이 용어는 주류 신약학계에서 점차적으로 *제2성전기 Second Temple Period로 대체되어 가고 있다.●

중복오사重複課寫 dittography 사본을 필사할 때 글자 혹은 단어, 어구, 문장을 의도치 않게 두 번 쓰는 것을 가리킨다. 예를 들어 *마소라 본문의 열왕기하 7:13에는 "성중에 남아 있는 이스라엘 온 무리[는] 곧 멸망[할 것이다]"이라는 구절 전체가 반복되지만, *칠십인경, 다른 초기 사본 및 번역본에는 두 번째로 나타난 부분이 없다. 몇몇 그리스어 신약 사본에서는 마가복음 12:27, 사도행전 19:34, 데살로니가전서 2:7과 같은 텍스트에서 중복되는 내용을 찾을 수 있다. **참조.** *중자탈오; *유사문미.

중자탈오重字脫誤 haplography 주로 비슷한 글자, 단어, 어구들이 서로 인접할 때 필사자가 글자, 단어, 혹은 어구를 빠뜨리는 실수(*중복오사dittography와 대조). 예를 들어 *마소라 본문은 사무엘상 9:16을 "내가 내 백성을 보았노라"로 표기하는 반면, *칠십인경은 "내가 내 백성의 고통을 보았노라"로 썼다. "내 백성"이라는 표현이 해

● 김판임, "한국신약학 50년의 회고와 전망: 신약배경사", 『신약논단』. 19/3(2012), 861-882; 박정수, 『고대 유대교의 터·무늬』, 새물결플러스, 2018, 29-30, 450-452. 알맹e 자체 항목.ⓒ

당 절에서 세 번째 등장하고 있으며 "…의 고통"과 흡사한 글자들을 갖고 있기 때문에, 어떤 학자들은 "…의 고통"이 필사 과정에서 부주의로 누락되었다고 주장한다("내 백성의 고통"이란 표현은 출 3:7에도 등장함). 요한1서 2:23에 "아버지가 있다"has the Father라는 표현이 두 번 등장하는데, 많은 신약 그리스어 사본에는 하나가 빠져 있다. 마태복음 5:19-20에서 길게 누락된 부분은 이 구절에서 "천국"kingdom of heaven이 세 번 반복된 것에서 기인했을 수 있다. **참조.** *유사문미; *본문 비평.

즉위 시편(, 야훼) enthronement psalms 주의 높아지심exaltation이나 즉위에 대해 다루는 시편. 즉위를 주제로 하는 시편의 예는 시편 97:9에서 찾아볼 수 있다: "여호와여 주는 온 땅 위에 지존하시고 모든 신들보다 위에 계시니이다." 즉위 시편들(47편; 93편; 96-99편)은 두 가지 특성을 공유한다. 첫째, 나라들과 피조물을 불러 *야훼를 찬양하도록 한다. 둘째, 찬양할 이유를 제시한다(주의 사역이나 속성). **참조.** *언약 갱신; *찬송.

지저스 세미나 the Jesus Seminar '예수' 세미나SNK 1985년에 태동하여 2006년까지(대략 50-75명의) 학자들이 매년 정기적으로 모여 역사적 예수에 대한 질문들을 다루었던 모임. 이 모임은 예수 어록의 진정성에 대해 가능성의 정도를 가늠하여 투표한 것으로 말미암아 대중적으로 알려졌다. 각 색깔은 정도를 나타낸다. 빨간색은 예수가 특정 표현을 실제 말했다는 것을 보여 주고, 분홍색은 예수가 그와 흡사한 말을 했을 가능성을 보여 주고, 회색은 예수의 사상을 담고 있지만 그의 직접적인 말은 아님을 시사하고, 검은색은 예수가 말하지 않은 경우를 가리킨다. 이 모임은 또한 신약 외경인 도마복음Gospel of Thomas을 그 연구에 포함했다. 이 작업의 결과는 *The Five Gospels: The Search for the Authentic Words of Jesus*다섯 개의 복음서: 예수의 진정한 말들을 찾아서(New York: Macmillan, 1993)로 출판되었다.●●

●● 예수 세미나라는 용어가 줄 수 있는 보편적인 뉘앙스로 말미암는 오해를 피하고 미국에서 발생하여 특정 기간 존재했던 모임임을 구분하기 위하여 지저스 세미나라는 용어를 사용함.ⓒ

지파 동맹 amphictyony, tribal confederacy 부족 동맹HJR 군주제가 나타나기 전에 이스라엘의 지파들이 사회적으로 어떻게 구성되었는지를 설명하는 모형(지금은 거의 폐기된 가설임ⓒ). 이 모형은 이스라엘과 고대 그리스 제의 동맹의 공통점을 주요한 근거로 여기면서, 이스라엘이 그들의 신 야훼를 향해 중앙 예배당(예. 처음에는 세겜, 후에는 실로)에서 드리는 예배, 즉 제의를 중심으로 열두 지파가 동맹을 이룬다고 보았다. 지파 동맹이 이스라엘의 사회 구성을 적절히 설명하는지 혹은 둘의 유사성이 뚜렷한지는 의심스럽다. 그러나 성경이 묘사하는 이스라엘의 기원에 따르면, 이스라엘 지파들은 공통적인 종교적 관습과 신념으로 단결했다.

지혜 기독론 wisdom christology 예수를 몇몇 구약 및 유대교 본문에서 의인화된 (하나님의) 신적 지혜divine Wisdom와 동일시하는 것을 가리킨다(예. 욥 28장; 잠 1:20-23; 8:1-36; 지혜서 7:7-9:18; 집회서 24장). 마태는 *복음서 저자 중 최초로 예수를 이렇게 확인했던 것으로 보인다(11:16-19, 25-27; 12:42; 23:34-39). 요한은 예수를 하나님의 유일한 말씀 혹은 지혜로 설명했다(요 1:1-18). 바울은 더 일찍이 그리스도를 신자를 위한 하나님의 지혜로 인정했다(고전 1:30; 골 1:15-20; 참조. 히 1:1-3).

지혜 문학 wisdom literature (*토라나 예언서처럼) 진리의 근원으로서 직접적으로 하나님을 드러내기보다는 경험 혹은 전통, '이 세상이 돌아가는 방식'으로 가르치는 성경 문헌을 말한다. 이 문학 모음은 고대부터 내려오는데, 솔로몬과 연결되어 있다(왕상 4:29-30). 이 문헌의 특징은 지혜로우면서도 (부모, 현인과 같이) 평범한 사람들을 잘 관찰하는 데 있다. 지혜 문학은 이스라엘이 등장하기 한참 전부터 고대 서아시아근동 전역에서 존재했다[예. 이집트 지혜 문학의 시기는 기원전 3000년기(3000-2001) 중반까지 거슬러 올라간다]. 지혜 문학의 *장르genre와 *양식form은 단순한 *잠언의 정의와 죽음에 대한 에세이나 고찰을 아우르며, 우화와 토론 또한 포함한다. 성경의 지혜 문학으로서는 전통적으로 잠언, 욥기, 전도서가 있으며(어떤 목록에는 아가도 포함됨), 구약 *외경의 집회서集會書,

Sirach와 솔로몬의 지혜서Wisdom of Solomon, Book of Wisdom도 이에 포함된다. 또한 우리는 지혜의 강한 영향력을 시편과 성경의 다른 부분에서도 찾을 수 있다(예. 시 1편; 창세기의 요셉 이야기; 다니엘과 친구들 이야기; 어떤 사람은 에스더 이야기를 포함하기도 함). 지혜 문학을 정의하거나 그 경계를 결정하는 일은 대개 문제를 야기한다. 지혜는 사람들이 질서 있는 삶, 곧 피조 세계 전체를 향한 하나님의 방식과 의도를 인정하는 삶을 살도록 가르치는 것이기에 모든 사람에게 열려 있다. 하지만 지혜는 '오묘한 말'로 가르치기 때문에, 지혜를 얻기 위해서는 해석 기술, 끈기, 이생의 풍요로움을 살피고자 하는 욕구가 필요하다(잠 1:2-6). 이스라엘이 이 고대 범세계적 문학에 기여한 점은 지혜의 원천이 하나님, 즉 "여호와를 경외하는 것"에 있다고 선언한 것이다(잠 1:7). **참조.** *아메네모페의 교훈.

지혜 시편 wisdom psalms *지혜 문학의 특성을 가졌으며 교육적인 목적으로 쓰인 시편을 가리킨다. 대다수의 *양식 비평가는 시편의 모든 시가 *제의적cultic 배경에서 온 것은 아니며, 그중 몇몇 시편은 지혜 전통에서 왔다는 점과 주로 *교훈적인didactic 목적으로 사용되었음을 인정한다. 예를 들어 시편 1편은 *탄원lament 시편이나 *찬송시hymn의 양식을 따르지 않으며, 하나님의 가르침인 *토라 공부를 '즐거워'하라고 독자에게 권면한다. 지혜 시편에서 의로운 사람과 악한 사람의 결과와 길을 보여 주는 *두 가지 길two-way 교리에 대한 강조도 찾을 수 있다.

진정성 (판단) 기준 criteria of authenticity 복음서에 나오는 예수 어록의 역사적 진정성을 판단하기 위해 신약학자들이 사용하는 여러 가지 시금석test을 가리키는 용어. **참조.** *일관성의 원칙; *비유사성의 원칙; *다중 증언의 기준.

집단 인격 corporate personality 공동 인격 고대 이스라엘에서 개인의 정체성은 공동체 내에 묶여 있었다는 개념. 따라서 개인이 단체를 대표할 수 있다고 봤는데, 예를 들어 시편에서는 개인인 화자 "나"(주로 왕, 다윗을 가리킴)가 이스라엘 국가를 상징할 수 있다고 보았다. 윌리엄 로버트슨 스미스William Robertson Smith 같은 몇몇 학자는 이 개념을 사람의 개성이 단체와 매우 부드럽게 합병되는 히브리 심리학 이론에 연관시켰다. 해당 이론은 더 이상 받아들여지지는 않지만, 성경의 문화(들)에서 공동체가 적어도 개인만큼 중요하게 여겨지기에, 개정된 집단 인격 개념들은 여전히 성서학 연구에서 한 몫을 한다.

차일즈, 브레바드 S. Childs, Brevard Springs (1923-2007) 미국의 구약학자. 차일즈는 자신도 그 일부분이었던 *성경 신학 운동에 대한 비평과, (자신은 방법론이라고 부르기를 꺼렸던) *정경 비평의 옹호자로 가장 잘 알려져 있다. 그는 교회와 *회당이 신성한 경전으로 함께 여기는 성경 본문을 일관성 있게 해석하고자 했다. 그에 의하면, 어떤 방법론이나 특정 본문이 그 형태를 갖추기 이전의 역사에 대한 어떤 이론이 아닌, 바로 정경적 본문이 제시하는 '(최종) 형태shape' 자체가 (이를 통해서 나타나는 그 영역과 목적과 더불어) 해석의 지침이 된다.

찬송(시) hymn 찬미시^{HJR} 질병을 앓고 있다가 회복된 건강, 위험의 상태에서 받은 구원이나 승리 등을 묘사하거나, 혹은 단순히 하나님의 주권과 선함을 나타내는, 하나님에 대한 찬양을 가리킨다. 구약 시편에서 가장 일반적인 두 형태(찬송시와 *탄원시) 중 하나로, 이 중 찬송시는 상대적으로 덜 복잡한 형태를 띤다. 문체, 구조, 내용, 심정을 근거로 찬송시는 3단계 형식으로 되어 있는 반면, 탄원은 6단계로 되어 있다. 찬송시는 찬양으로의 초청으로 시작해 찬양의 이유(들)를 제시하고, 다시 찬양으로의 초청으로 돌아온다. 가장 짧은 시편인 시편 117편은 찬송시의 좋은 예시다. 다섯 권의 *시편집Psalter은 각각 찬송시로 끝나며, 시편 전체가 다섯 찬송시로 끝난다. 시편집의 히브리 이름(세페르 테헬림)은 '찬양의 책'을 뜻하는데, 이는 찬송 자료의 적절한 이름이다. 찬송 시편은 *감사thanksgiving 시편, 제왕

시, *즉위 시편을 포함하며, 어느 시편이든 찬송시의 기본적인 유형을 갖고 있다면 찬송 시편이 될 수 있다. 찬송시는 시편 밖에서도 찾아볼 수 있는데, 모세의 노래가 그 예다(출 15장). 신약에서도 찬송시를 발견할 수 있는데, 가장 중요한 찬송시들은 누가복음에 있다(*마그니피카트Magnificat, 1:46-55; *베네딕투스Benedictus, 1:68-79; 글로리아Gloria, 2:14; *눙크 디미티스Nunc Dimittis, 2:29-32). 신약 속 다른 본문들도(고전 14:26; 엡 5:19; 골 3:16) 시편, 찬송, 영적 노래의 형태로 부르는 노래가 초기 기독교 예배의 중요한 부분이었음을 보여 준다. 학자들은 신약의 일부 본문(엡 1:3-14; 빌 2:6-11; 골 1:15-20; 딤전 3:16)을 찬송시로 인식했다.

초기 공교회(주의) early catholicism, 독. Frühkatholizismus 신약학 전문 용어로, 사도 시대의 초대 교회가 다소 느슨하게 구성된, 성령의 인도를 받는 *은사(카리스마) 공동체였다는 가설을 전제로 한다. 특별히 교회 제도, 교리, 지도자, 성례와 같은 분야에 대해 다소 공식적이거나 '제도화'된 사도 후 시대(혹은 속사도 시대postapostolic age)의 공동체와는 대조된다. *목회 서신은 주로 후자의 예시로 제시된다.

출애굽(기) exodus 이집트 탈출 이스라엘이 이집트 노예 생활에서 떠나 새로운 땅으로 해방되는 사건(참조. 출 3:1-12). 하나님의 백성이 이집트에서 떠나는 움직임은 역사적으로 재구성하기 어려운데, 이는 이집트 기록에 이스라엘 사람에 대한 언급이 없기 때문이다. 하지만 출애굽은 하나님이 이스라엘 사람을 대하는 방식을 정의하는 사건이며, 유대인과 그리스도인에게 지속적으로 신학적 의의를 제공한다.

칠십인경 Septuagint 칠십인역 *히브리 성경(구약)의 그리스어 역본. 그리스어 번역 작업은 기원전 3세기부터 2세기까지 알렉산드리아의 그리스어를 사용하는 유대인들에 의해 진행되었다. *아리스테아스의 편지Letter of Aristeas에 기록된 전설에 의하면, 프톨레마이오스 2세 필라델포스Ptolemy II Philadelphus(기원전 285-246)의 초대에 의해 72명의 유대교 학자가 각자 작업하여 72일 만에 번역을 완료했다. 성서학자들에게 칠십인경은 당시의 히브리어 성경에 대한 증거를 제시해 주고, *제2성전기 유대인들에게 특정 단어나 본문이 어떻게 이해되었는지를 보여 주는 아주 중요한 자료다. [칠십인경/칠십인역이라는 명칭은 라틴어 제목 *Interpretatio septuaginta virorum*에서 왔으며, 로마숫자 LXX로 축약해서 표기하기도 한다. 유대인 신앙 공동체 가운데 특별한 지위를 가진 정경을 번역했기에, 한국어로는 "칠십인역 그리스어 구약 성경"보다 "칠십인경"으로 칭하는 것이 조금 더 적절하다.ᴷᴶᴷ 영어로는 '셉투아진트'라고 발음하며, 독일어는 die Septuaginta셉투아긴타다. 참조. 김정훈,『칠십인역 입문』(바오로딸, 2009), 24.ⓒ] 참조. *본문 비평.

칠십인경투-套 Septuagintism 셉투아진티즘, 칠십인경화 그리스어역 히브리 성경(구약), 즉 *칠십인경의 특성을 지닌 신약의 저자들이 사용한 단어 및 어구를 가리킨다(예. 행 2:14, 15-39; 3:12-26에서 누가가 사용).●

ㅋ

카르타고 공의회 Council of Carthage 397년에 열린 세 번째 카르타고 공의회로 신약 *정경을 이루는 27권의 책을 공식적으로 승인한 최초의 공의회로 추정된다.

칼 와호메르 qal wahomer 칼 바호메르, 하물며 법칙, 더더구나 법칙ᴷᴶᴷ 덜 중요한 경우에 참인 것은 더 중요한 경우에 더욱더 확실한 참이라고 진술하는 *랍비식 해석의 원칙으로, 한국어로는 '하물며 법칙' 혹은 '더더구나 법칙'이라고 칭할 수 있다. "작은 것에서 큰 것으로"를 의미하는 라틴어 속담 "*a minori ad maius*"의 랍비식 형식구다.

케노시스 kenosis (자기) 비움 그리스도가 성육신에서 자신을 '비운' 것을 말한다. 빌립보서 2:6-11의 그리스도-찬송Christ-hymn에 그리스어 동사 κενόω케노오, 비우다가 나오며, 텍스트는 그리스도가 "자기를 비워(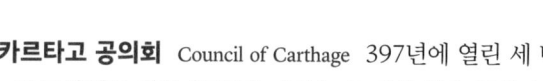ἐκένωσεν에케노센) 종의 형체를 가졌다"라고 진술한다(빌

● 김정훈,『칠십인역 입문』(바오로딸, 2009), 369 이하 참조.ⓒ

2:7). 이 구절을 해석하면서 나타나는 기독론적 문제는 '비우다'가 무엇을 의미하는지에 달려 있다. '비우다'는 예수가 신적 '특권' 사용을 잠시 '포기'했음을 의미할 수도 있고, 그가 어떤 신적 '특성'을 포기했음을 의미할 수도 있다.

케리그마 kerygma 설교, 선포 그리스어 명사 κήρυγμα케뤼그마에서 파생된 단어로, *복음으로서 설교(동사. κηρύσσω케뤼소)되는 내용을 의미한다. 따라서 케리그마는 설교 내용과 설교 행위 모두를 상징한다(고전 1:21). 어떤 현대 신학자들은 *도드C. H. Dodd의 제안을 따르거나 그것을 변형하여 사용하는데, 도드가 제시하는 케리그마의 기본적인 내용은 다음과 같다. (1) 예언자들이 예견한 메시아 시대가 도래했다. (2) 예수의 삶, 죽음, 부활은 메시아 시대가 완성되었음을 보여 준다. (3) 예수는 자신의 부활로 말미암아 주主로 높임 받았다. (4) 교회 내 성령의 임재는 하나님이 자신의 백성과 함께한다는 상징이다. (5) 그리스도는 세상의 심판자이자 구원자로서 세상에 돌아올 것이다. (6) 회개로의 초대는 죄 용서와 구원의 보증이 되는 성령 받기를 포함한다.

케제만, 에른스트 Käsemann, Ernst (1906-1998) 독일의 신약학자. 케제만은 튀빙겐 대학교에서 종신 재직권을 얻어 오랜 기간 가르쳤다. 케제만은 *불트만의 제자였지만 *역사적 예수 탐구와 같은 다양한 주제에서 자신의 멘토와 의견을 달리했다. 케제만은 불트만 이후 시대의 다른 학자들과 함께(*보른캄Bornkamm, *콘첼만Conzelmann, 에벨링 Ebeling, 푹스Fuchs) 지상에 있었던 예수와 교회가 선포한 예수 사이를 이으려 했다. 그의 가장 중요한 학문적 업적은 바울 신학(특별히 칭의와 의의 교리)과 십자가의 중심성centrality of the cross(*십자가 신학), 그리고 특히 원시 기독교 신앙의 묵시적 측면을 강조한 데 있다.

케텝 힌놈 부적 Ketef Hinnom amulet 1980년에 고고학자들은 예루살렘 남서쪽 케텝 힌놈כתף הינום, '힌놈 [골짜기]의 어깨'에 있는 기원전 6세기에 속한 무덤에서 두 개의 작은 부적을 발견했다. 부적을 펼치자 소위 '제사장의 축복'이라 불리는 민수기 6:24-26 본문이 적혀 있었고, 이로 말미암아 이 부적은 오늘날 알려진, 현존하는 히브리어 성경 중 가장 오래된 본문이 되었다.

케투빔/크투빔 Ketubim/Ketuvim 성문서 히브리 *정경(구약)의 제3부로, *성문서the Writings를 의미한다(라틴어 이름인 *hagiographa*로 부르기도 함). 이 부분은 시편, 욥기, 잠언, '축제 책들'(*메길롯Megilloth이라 하는 룻기, 아가, 전도서, 예레미야애가, 에스더), 다니엘, 에스라, 느헤미야, 역대기로 이루어져 있다. **참조.** *타나크.

코덱스 codex 파피루스나 *양피지로 만든(두루마리가 아닌) '책'의 형태를 띤 고대 사본을 가리킨다. 코덱스는 본래 로마인들이 상업이나 법 관련 업무를 기록하기 위해 사용되었지만, 초기 교회가 신약 사본들을 모아 엮어서 활용되기도 했다.

코이네 Koine 공통 신약 시대에 쓰인 공통 그리스어이며 신약 저자들이 사용한 언어다(그리스 고전기에 쓰인 아티카 그리스어와 대조됨).

코이노니아 koinonia '교제, 협력, 참여'를 의미하는 그리스어 단어. 누가는 초대 교회를 구별해 주는 표시 중 하나로 코이노니아를 꼽았으며, 이는 초대 교회의 예배 가운데, 특히 "떡을 떼는 행위"를 함께 함으로써 체험할 수 있었다(행 2:42).

코헬렛 Qoheleth '설교자'를 의미하는 히브리어 용어이며, 동시에 전도서의 히브리어 이름이기도 하다(Koheleth으로 표기하기도 함).

콘첼만, 한스 Conzelmann, Hans (1915-1989) 독일인 신약학자. 콘첼만은 주로 *보른캄Günther Bornkamm, *케제만Ernst Käsemann과 함께 '후기 불트만학파'로 분류된다. 다양한 주제, 특별히 복음서 내 역사적 예수의 신뢰성의 문제에서 스승인 *불트만에게서 떨어져 나왔다(**참조.** *역사적 예수 탐구). 그는 선구적인 *편집 비평 연구를 통해 그의 가장 유명한 저서인 *Die Mitte der Zeit*를 출간했다(1954년에 출판된 이 책의 제목은 문자 그대로 '시간의 중간'을 의미하며, 1960년에 *The Theology of St. Luke*누가의 신학라는 아쉬운 제목으로 영역 출간됨). 콘첼만은 이 책에서 누가가 누가-행전이라는 두 권의 책을 통해 마가복음 속 '인자의 임박한 재림을 다루는 종말론'

● 출처: *Baker Compact Dictionary of Biblical Studies*. Baker Publishing Group의 허락을 받아 사용함.

을 좀더 안정된 교회사의 관점으로 대체했다고 주장한다.

쿨만, 오스카 Cullmann, Oscar (1902-1999) 독일의 신약학자. 쿨만은 스트라스부르 대학교에서 교수직을 맡았으며, *Christus und die Zeit*(1946; *Christ and Time*, 1952; 『그리스도와 시간』, 나단출판사, 1987)와 *Heil als Geschichte*역사로서의 구원(1965; *Salvation in History*, 1967; 『구원의 역사』, 대한기독교서회, 1978)를 통하여 발전시킨 하나님의 구속 역사 전체를 바탕으로 예수 그리스도를 이해해야 한다는 주장으로 인지도와 호평을 얻었다(**참조.** *구속사). 그가 그리스도의 본질과 존재보다는 그의 사역에 집중했기에, 그의 *Die Christologie des Neuen Testaments*(1957; *The Christology of the NT*, 1959; 『신약의 기독론』, 나단출판사, 1991)에 나타나는 기독론은 '기능적 기독론'functional Christology으로 묘사된다.

쿰란 Qumran 사해 북동쪽 해안에 있는 지역으로, 이 지역에서 발견된 중요한 유적으로는 1947년에 양치기들이 양을 찾다가 발견한 문서들이 있다. 쿰란에 살았던 고대 공동체는 *사해 문서 중 많은 부분을 만들었다. **참조.** *에세네파.

퀴리오스 kyrios 누군가를 부르는 형태로 쓰일 때 '주主, 주인, 선생님'으로 번역되는 그리스어 용어(κύριος). 신약 신학에서는 예수가 그의 부활과 높이 들림으로 말미암아 부여받은 칭호다. "그[예수]를 하나님이 주[퀴리오스]와 그리스도[크리스토스]가 되게 하셨느니라"(행 2:36). 이는 그리스-로마 세계에서 그리스도의 주인됨을 나타내는 일반적인 용어가 되었다(롬 10:9; 빌 2:11). **참조.** *기독론적 호칭.

크레이아 chreia 고전 그리스 수사학에 나오는 전문 용어로(복. 크레이아이chreiai), 뛰어난 사람을 인용하거나, 그 사람에게 영예를 돌리는 가운데 사용되는 생활에 도움이 되는 간결한 문구나 짧은 말(*경구) 및 행동을 가리킨다(그래서 '필요한, 부족한' 것을 의미하는 그리스어 χρεία가 쓰임). 많은 학자는 초대 교회가 예수의 특정 말이나 행동들을 크레이아 형태에 적합하게 변형했다고 본다(참조. 막 1:14-15; 눅 3:10-11; 19:45-46; 요 4:43-44).

크리소스토무스, 요한네스 Chrysostom, John (약 354-407) 요한 크리소

스톰 탁월한 설교로 알려진 콘스탄티노폴리스 대감독이었다(그리스어 Χρυσόστομος크뤼소스토무스는 '황금 같은 입을 가진'을 의미). 크리소스토무스는 안티오키아안디옥학파 소속이었으며, 아마도 *교부 중 가장 뛰어난 설교자였을 것이다. 안티오키아 강단에서 주로 전했던 설교들에서 그의 *주석을 찾아볼 수 있다. 그의 설교는 성경의 문자적 개념에서 비롯된 영적이고 도덕적인 적용이 특징이다.

클레멘스, 알렉산드리아의 Clement (Titus Flavius Clemens) of Alexandria (약 155-220) 클레멘트 *교부 시대(약 100-750) 최초의 저명한 기독교 학자. 클레멘스는 190년에 알렉산드리아 *교리문답 학교의 교장으로 임명되었으며, 그곳에서 대다수의 저서를 집필했다. 신학 저서로 더 유명하지만, 알렉산드리아학파의 방식으로 성경도 주석했다. 그는 *오리게네스Origen의 스승으로도 알려져 있다.

키나 qinah '애가'lament를 의미하는 히브리어 용어로, 성경의 애가에서 종종 등장하는 3:2 보격步格을 묘사한다. 이러한 *탄원시lament에서, 병행하는 소절(행) 중 더 긴 첫 번째 소절(행)은 세 개의 박자를 가지고, 두 번째 소절(행)은 두 개만 가진다(**참조.** *평행법). 이와 같은 형태는 소절(행)들이 '절뚝거린다'는 느낌을 준다. 하지만 이러한 보격의 형태를 탄원시와 연결짓는 것에는 문제가 있는데, 탄원시가 아닌 시에서도 키나가 존재하며, 3:2 보격이 아닌 3:3의 형식을 가진 탄원시가 있기 때문이다. 많은 학자는 운율로 구분하는 방식이 많은 문제를 야기하고 다양한 결과를 만들어 내기 때문에, 히브리 시의 보격이 존재하는지에 대해 의문을 제기한다.

키루스 2세(혹은 대제) Cyrus 고레스, 퀴로스 2세JSP 기원전 539년에 바빌론을 정복한 페르시아와 메디아 연합군의 지휘관. 바빌론의 주요 신이었던 마르두크의 제사장들이 달의 신인 신Sin을 섬긴 마지막 왕 나보니두스에게 반기를 들었을 때, 바빌론은 불안정한 시기를 지나고 있었다. 키루스 2세는 이러한 불화를 이용하여 "전쟁 없이 바빌론에 들어갔다." 어쩌면 마르두크의 이름으로 키루스 2세를 환영해주고 그의 승리에 대해 열렬한 글을 쓴 제사장들이 그를 도왔는지도 모른다. 키루스 2세는 모든 사람에게 평화를 선언하고 유배 중인 유대인에게 칙령을 내려 그들의 땅으로 돌아가고 성전을 재건하도록 했다(대하 36:22-23). 이사야는 키루스 2세를 주의 "목자"(44:28) 및 "기름 부음을 받은" 자(45:1)로 부른다. **참조.** *바빌론 유배; *디아스포라.

키릴루스, 알렉산드리아의 Cyril of Alexandria (375-444) 퀴릴로스^{JSP} 알렉산드리아학파의 뛰어난 주석가이며, 알렉산드리아의 대감독(총대주교)이었다. 키릴루스는 *풍유법을 고집했지만, *히에로니무스Jerome 및 *안티오키아_{안디옥}학파의 영향을 통해 성경 본문의 문자적 의미에도 관여했다. 하지만 그는 문자적literal 의미를 단어 자체가 아니라 그 단어가 표시하는signify 것에서 파생된다고 보았다. 따라서 본문 속 모든 단어는 단순한 의미 이상을 가질 수 있고, 그로 말미암아 키릴루스에게 영적인 의미는 대개 본문의 '문자적' 의미였다. 예를 들어 키릴루스는 "이것[사람?]은 [우리의] 평강이다"(미 5:5) 속 "이것[사람]"은 그리스도가 만들어 낸 평화만을 의미하는 것이 아니라 그리스도 자신을 지칭한다고 여겼다.

키텔, 게르하르트 Kittel, Gerhard (1888-1948) 9권으로 된 *Theologisches Wörterbuch zum Neuen Testament*_{신약 신학 어휘 사전}(약자 *TWNT*; 1933-1973)를 편집한 독일의 학자(나치 시대의 유명한 반유대주의자이기도 함^{SYK}). 이 책은 브로밀리_{Geoffrey W. Bromiley}가 영어로 번역하여 10권으로 된 *Theological Dictionary of the New Testament*[약자 *TDNT*; 1964-1974; 『신약성서 신학사전』(요단, 1986)은 단권 축약본임ⓒ]로 출판되었다.

타나크 Tanak, Tanach *히브리 성경, 즉 구약을 구성하는 부분들의 두 문자어_{頭文字語}: *토라_{Torah, 율법}, *느비임_{Nebiim}, *예언서, *케투빔_{Ketubim, 성문서}. 이르게는 기원전 2세기에도 토라(혹은 '모세')와 예언서가 가진 권위에 대한 언급이 있었다(**참조.** *정경). 하지만 마지막 부분인 성문서는 최소한 1세기 말까지도 확정되지 않았다. 누가복음 24:44은 "모세의 율법과 예언자의 글과 시편"으로 삼분할 하고 있다. 에스드라2서에스라3서 14:45-46은 스물네 권의 책을 언급하고, 히에로니무스Jerome는 히브리어 알파벳 수와 같은 수인 스물두 권의 책을 언급한다(어느 책을 합치느냐에 따라 숫자는 다르게 나올 수 있다; 예. 에스라와 느헤미야를 한 권으로 보는 경우). 책을 나열하는 순서 또한 유동적인데, 특별히 성문서를 보면 역대기나 시편 중 하나가 성문서의 마지막 순서를 차지한다는 것을 알 수 있다. *마소라 학자들의 일반적인 순서는 다음과 같다. 토라(창세기-신명기); 느비임[전기 예언서: 여호수아-열왕기(룻기 제외)]; 후기 예언서: 이사야, 예레미야, 에스겔, *열두 책(소 예언서)(다니엘과 예레미야애가 제외); 케투빔(다니엘, 예레미야애가, 룻기를 포함한 나머지 책, 그리고 마지막으로 역대기). **참조.** *히브리 성경.

타르굼 Targum 탈굼 *히브리 성경(구약)을 말이나 글로 아람어로 번역하고 해석한 것이다['풀어 말하기'paraphrase를 의미하는 히브리어(תרגום)에서 파생; 복. 타르구밈Targumim]. *유대인이 바빌론 유배에서 돌아왔을 때 아람어가 일반적인 언어가 되어 있었다. 따라서 회당에서 성경을 낭독할 때 낭독자(해석자를 의미하는 מְתוּרְגְמָן메투르게만, meturgeman)가 아람어로 바꾸어 말해 주었다. 이렇게 의역된 내용이 전수되고 결국 3세기 초에 문서화되었다. 5세기쯤에는 두 종류의 타르굼이 표준이 되어 있었다: 타르굼 옹켈로스Onqelos의 *토라, 타르굼 요나단Jonathan의 예언서. 타르굼은 성경 본문이 초기에 어떻게 전수되었는지를 보여 준다는 면에서 중요한 증거이며, 동시에 텍스트를 해설할 수 있었던 자유 덕분에 성경 본문이 유대교 공동체에서 어떻게 해석되었는지를 보여 주는 중요한 자료다. **참조.** *본문 비평.

타티안 Tatian ***디아테사론**을 보라.

탄나임 Tannaim '공부' 혹은 '반복'을 뜻하는 아람어 용어에서 파생된 단어로, 랍비 교사들을 뜻한다. 20-200년경 활동한 랍비들을 가리키는 용어로, 위대한 랍비 *힐렐과 *샴마이의 뒤를 이은 사람들이다. 탄나임은 처음으로 *미쉬나와 다른 *미드라쉬 텍스트들을 기록하기 시작한 당사자들이다 **참조**. *랍비 유대교; *탈무드.

탄원 시편 lament psalms 탄식 시편 개인이나 단체가 고통, 탄압, 하나님으로부터 버림받음 등을 이유로 하나님에게 불평하거나 요청하는 경우를 말한다. 탄원(탄식)은 어쩌면 '불평'(독. Klage)으로 번역하는 것이 더 나을 수도 있다. 탄원 시편은 문체, 구조, 내용, 심정을 근거로 구분할 수 있는 시편의 기본적인 두 형태(*찬송과 탄원) 중 하나다. 탄원 시편은 찬송 시편보다는 더 복잡한 구조를 띤다. 이 시편은 우선 하나님을 부르고 자신의 필요나 불만을 설명한 뒤 도움을 요청한다. 그러고는 하나님이 개입해야 하는 이유와 하나님에 대한 자신의 신뢰를 제시한 후 마무리하는 찬양을 올린다. 탄원 시편은 *장르들 중에서 장송가dirges와 불평 장르를 망라한다. 시편 13편은 탄원시의 아름답고 짧은 예시다.

탈무드 Talmud *랍비 율법에 대한 결정적인 해설로, 유대교의 신앙과 관습을 설명한다. 유대교 전통에 의하면 하나님이 시내산에서 모세에게 *토라를 주었을 때, 기록된 토라와 *구두(로) 전승된 토라, 즉이 두 가지 형태로 토라를 주었다고 한다. 기록된 토라는 성경의 첫 다섯 권인 *오경으로 구성되었다. 구전된 토라는 변화하는 상황에 맞추어 율법의 여러 논점에 대한 논의와 판결을 뜻하며, 이는 한 세대에서 다음 세대로 구두로 전달되었다. 히브리어로 기술된 *미쉬나 Mishnah, '연구'는 2세기에 문서화되었고, 미쉬나에 대한 해설인 게마라 Gemarah, '완성'는 아람어로 기술되었으며, 6세기에 두 가지 형태 즉 바빌로니아 탈무드תלמוד בבלי, 탈무드 바블리, *Babylonian Talmud*와 예루살렘 탈무드תלמוד ירושלמי, 탈무드 예루살미, *Jerusalem Talmud*로 최종 성문화되었다 codify. 미쉬나와 게마라를 합친 것이 탈무드다. 토라와 탈무드는 정통 유대교 신앙과 관습의 기초를 형성한다.

탈신화화脫神話化 demythologization 루돌프 *불트만R. Bultmann의 해석학과 연관된 전문 용어(독. Entmythologisierung). 불트만의 방법론은 텍스트에서 고대의 신화적 요소들, 이를테면 천사, 마귀, 3층 우주(삼층천, 고후 12:1-4), 동정녀 탄생, 부활 등 객관적인 실재처럼 다루어진 신화적 요소들을 벗겨 내어 신화적 언어를 실존적으로 해석하는 작업이다. 즉 이 신화들이 인간 실존에 대해서 무엇을 말해 주는지를 살피는 작업이다. 비신화화는 독일어 원어가 아닌 영역어 demythologization의 한국어 번역이다.●

테라퓨타이(파) Therapeutae 치료종파JSP *필론Philo이 언급하는 신비스러운 유대의 테라퓨타이와 기적을 행하는 사람들의 무리('치료하다'를 의미하는 그리스어 θεραπεύω테라퓨오에서 파생). 만장일치로는 아니지만 다수의 학자는 이들을 *에세네파의 분파로 분류하는데, 둘 사이의 금욕주의, 독신주의, 공동생활과 같은 관습과 신념이 상당히 유사한 탓이다.

테르툴리아누스 Tertullian, 라. *Quintus Septimius Florens Tertullianus* (약 155/160-225/250) 터툴리안 라틴어로 저술한 최초의 교부(북아프리카 카르타고 출신). 그는 그의 변증적(*Apologia*호교서), 신학적(*De baptismo*세례에 대하여), 금욕적 저술로 유명하다. 그의 저서 *Adversus Marcionem*마르키온 논박은 그가 이단 *마르키온을 상대로 적극적으로 반대했음을 보여 준다. 성서학과 관련해서 테르툴리아누스는 유대교와 기독교 성경의 통일성과 사도 교회의 '신앙 규칙' regula fides을 긍정했다.

테스티모니아 testimonia 초기 그리스도인들이 변증과 설교를 목적으로 사용한 가상의 구약 본문 모음집. 초기 기독교에 테스티모니아가 존재했을 가능성은 신약 저자들이 자신의 신학적 및 변증론적 논의를 보완하기 위해, 혹은 예수의 인격과 목적을 구약의 성취로 보는 기독교 신앙을 지지하기 위해 사용한 특정 성구를 근거로 한다. 이러한 테스티모니아, 증거본문집은 초기 기독교의 설교와 가르침의 일부로서, 저자의 저술에 포함되기 전까지 구두 전승으로 유포되었을 것으로 추정된다. 현존하는 유일한 성구 모음집은 *사해 문서에 있다. 4Q*Testimonia*4QTest = 4Q175에는 *쿰란 공동체가 갖고 있던 메시아에 대한 기대를 설명하는 일련의 구약 인용구가 들어 있다. 마태는 구약을 광범위하게 인용하는데, 이는 그가 참조할 수 있는 독립적인 모음집이 존재했음을 암시한다(그러나 증거는 없

● 주원준, 『구약성경과 신들』(한님성서연구소, 2018 개정판), 20-21.ⓒ

다). 바울도 다양한 구약 성경으로 이루어진 증거 구절 모음을 사용했다. 로마서 3:10-20에서 의로움에 대해 논의할 때는 시편과 이사야를, 이방인에 대해 논의할 때는 호세아, 이사야 등을 인용했다(참조. 롬 9:24-33; 15:9-12). 로마서 1:17과 갈라디아서 3:11은 이신칭의를 설명하기 위해 하박국 2:4을 인용한다. 마지막으로 베드로전서 2:6-8은 이사야 8:14 및 28:1과 연결해서 구원에 대해 말한다.

테오도루스, 몹수에스티아의 Theodore of Mopsuestia (약 350-428) 테오도로 초기 교부이자 현재 터키 남부에 위치하는 몹수에스티아의 주교. 동방 교회에서 그의 영향력이 얼마나 컸던지, 후대의 주석가들은 그에게 '축복받은 주석가'the Blessed Exegete라는 칭호를 붙였다. 안티오키아안디옥의 부자 부모 아래에서 태어난 그는 *크리소스토무스와 함께 저명한 철학자 리바니우스Libanius에게 수학했다. 후에 테오도루스는 수도원 생활을 위해 세속의 경력을 버렸다. *안티오키아학파의 주요 일원이었던 그의 주석은 히브리어와 히브리인들의 역사적 배경에 대한 풍부한 지식과 성경 관용구에 대한 분명한 이해(어느 정도는 수사 교육 덕분에 얻은)로 말미암아 두드러졌다(그러나 테오도루스는 거의 *칠십인경만 사용했음). 그가 쓴 논문 *Against the Allegorists*풍유가에 반대하여는 분실되었다.

테오도티온 Theodotion 2세기 말의 구약 성경 번역가. *칠십인경에 수정을 가했거나 히브리어 성경을 좀더 문자적으로 번역한 것으로 보이는 그리스어 구약 성경 역본을 가리키는 전통적인 이름. 카이게Kaige 수정본과 같은 본문 전통에 속하며, 3-4세기 교부들이 널리 사용했다(**참조.** *헥사플라). 이 역본에 붙여진 이름의 주인에 대해서는 알려진 바가 거의 없으나, 2세기 후반기를 살았던 유대교 개종자였을 것으로 추정된다.●

테올로구메논 theologoumenon 테올로고메논 '하나님에 대해 말하기'를 의미하는 그리스어와 라틴어에서 파생된 용어(즉, 교의, 신학, 신학적인 것을 의미하는 용어). 이 용어는 주로 역사적 증거보다도 신적 존재에 대한 추론이나 계시를 바탕으로 하는 논리적 추리에서

● 출처: *Pocket Dictionary for the Study of NT Greek.* 허락을 받아 사용함.

나온 신학적 진술의 역사화historicization를 가리킨다. 예를 들어 예수의 계보와 처녀 잉태는 예수가 다윗의 후손이면서 하나님의 아들이라는 신념에서 비롯된 테올로구메논으로 분류될 수 있다.

테이오스 아네르 *theios anēr*, θεῖος ἀνήρ *영웅적 덕행; *신인을 보라.

토라 Torah *오경에 해당하는 히브리 *정경의 첫 번째 부분. *칠십인경에서 히브리어 단어 תּוֹרָה를, 율법을 의미하는 그리스어 νόμος 노모스로 번역했기에 전통적으로 '율법'이라 불러 왔다. 최근에는 '가르침'instruction으로 번역하려는 시도가 많은데, 이는 법의 신학적 혹은 사법적 연관성을 피하고 토라가 협의의 법적 의미의 법률보다는 더 큰 의미가 있다는 점을 인정하기 위해서다. 토라는 사가saga, 율법, 노래, 계보 등, 성경의 첫 다섯 권이 다루는 모든 것을 내포한다. 이 용어는 심지어 *탈무드를 포함한 구약 전체를 가리키기 위해서도 쓰이는데, 이에 따라 계명이나 법률만이 아닌 하나님의 계시 전체를 의미하게 되었다. 의로운 사람이 토라를 기뻐한다는 내용의 시편 1:2과 토라의 가치를 다루는 긴 시편인 시편 19편과 119편은 이런 점에서 유익하다. 토라는 이스라엘 신앙의 초석을 다지며, 이후에 나타난 하나님에 대한 경험을 판단할 수 있는 기준으로 작용한다. 참조. *오경; *타나크.

토마스 아퀴나스 Thomas Aquinas *아퀴나스, 토마스를 보라.

토세프타 Tosefta '추가된 것'을 의미하는 아람어 용어(תוספתא). 2세기부터 4세기까지 랍비가 저술한 *미쉬나에 대한 일련의 해석이다.

토포스 topos 서신을 포함한 문학 양식이나 웅변에서 흔히 사용되는 주제를 가리키는 문학 용어. 신약에 등장하는 (토포스의 복수인) 토포이는 특정 주제나 화제에 대한 확장된 *권면적paraenetical 진술(혹은 짧은 에세이)이다. 토포스는 대개 귀납, 논리적 근거, 논의, (아마) 유추의 양식을 따르는 독특한 수사 구조를 갖기에, 느슨하게 연결된 윤리적 훈계들과는 구별된다. 토포스의 예로는 권세(롬 13:1-7), 특정 음식을 먹는 것(롬 14:1-23), 다가올 마지막 때를 고려한 그리스도인의 삶(살전 5:1-11)에 대한 바울의 논의, 편파적인 태도(약 2:1-13), 방언(약 3:1-12)에 대한 야고보의 논의, 거룩한 삶에 대한 베드로의 지침(벧전 1:13-16) 등이 있다.

톨레도트 (형식구) *toledoth* formula 톨레돗 창세기의 구조적 장치로 반복되는 문구('…의 족보/계보חוֹלְדֹת는 이러하니라'). 이 형식구는 인류의 시작과 연속성이라는 주요 주제를 더 두드러지게 한다. 이 형식구는 창세기 2:4에서 처음 등장하여 우주의 창조(창 1장)와 인류의 역사(창 2-3장)를 이어 주며, 본문 전역에서 이야기의 중대한 지점과 전개를 표시해 준다.

튀빙겐학파 Tübingen School 튀빙겐 대학교를 중심으로 *바우어F. C. Baur를 지지하던 사람들로, 그의 초기 기독교 해석과 성경 해석 원칙을 받아들였다. 역사에 대한 회의주의와 극단적인 전제들로 널리 비판받았지만, '바우어의 유령'은 아직까지 여러 곳에서 목격된다.

트렌트 공회의 Council of Trent 트리엔트 공의회 개신교 종교개혁에서 비롯된 신학적 문제들에 대응하기 위해 로마 가톨릭 교회가 구성한 신학 회의(1545-1563). 로마 가톨릭 교회는 이 회의에서 많은 신학적 주제를 다루었을 뿐 아니라, 성경 본문과 그 해석 그리고 정경에 대한 여러 결정을 내렸다. 이 회의에서 로마 가톨릭 교회는 유대교와 개신교가 인정한 구약 정경을 받아들였으나, 개신교의 기준으로는 *외경에 속하는 여러 책들(*제2정경)도 정경에 추가했다.

ㅍ

파라디그마 *paradigma* 마르틴 디벨리우스Martin Dibelius가 차용한 이 독일어 용어(영. paradigm패러다임)는 성서학에서 원형model이나 짧은 서사brief narrative를 가리킨다. 예를 들어 아브라함은 질문이나 주저함 없이 하나님의 소명을 따랐기에 믿음의 원형(파라디그마)으로 묘사된다(참조. 창 12장; 22장). *복음서 연구에서는 예수가 원칙이나 행동 원형을 선포할 때 전한 짧은 이야기를 가리킨다. 학자들은 또한 원형이나 관점의 변화를 이야기하기 위해 '패러다임 전환'paradigm shift이라는 표현을 사용한다. 예를 들어, 패러다임 전환으로 말미암아 성서학은 이전의 *문학 비평 형태(예. *자료 비평)에서 벗어나 새로운 형태(예. *서사 비평 혹은 *페미니스트 성경 비평)를 갖게 되었다. **참조.** *아포프테그마; *선언적 예화.

파피루스 papyrus 수중에서 자라는 긴 갈대로, 이집트의 나일 삼각주 지역에서 볼 수 있으며, 이것으로 만드는 같은 이름을 가진 글쓰기 도구의 재료명이기도 하다. 파피루스는 기원전 4세기부터 기원후 7세기까지 지중해 전역에서 글을 쓰는 겉면surface으로 사용되었다. 가장 오래된 신약 그리스어 사본은 파피루스로 되어 있다. 영어 단어 '종이'paper는 그리스어 πάπυρος파퓌로스와 라틴어 *papyrus*에서 파생되었다.

파피아스 Papias (약 70-160) 초기 교회 교부이며 프리기아브르기아 히에라폴리스Hierapolis in Phrygia의 감독. 그는 마가가 베드로의 '통역자'(ἑρμηνευτής헤르메뉴테스)였으며 마태가 히브리어로 '로기아'(the *logia*)를 작성했다는 기록을 남겼다. **참조.** *로기온.

팔레스타인 그리스도인(들) Palestinian Christians *유대계 그리스도인(들)을 보라.

팔레스타인 유대교 Palestinian Judaism 대략 기원전 200년부터 기원후 200년까지의 팔레스타인 지역 경계 내의 유대교 형태를 가리킨다. 유대교에 대한 최근 연구에서는 유대교 대신 '유대교들'Judaisms이라는 표현을 사용하며, 팔레스타인에 거주하던 유대인이 *헬레니즘 사상Hellenistic ideas과 단절되지 않았음을 깨닫고 있다.

페리코페 pericope 단락HJR, 페리코피SNK, 성경에서 발췌한 한 (독립적) 구절 더 긴 서사에서 '절단'cut off되거나 '분리'cut out(그. περικόπτω페리콥토)되어도 온전한 상태를 유지하는 짧은 부분이나 문학적 단위를 의미하는 전문 용어(라. *pericope*; 영. pericope페리코피). 페리코페는 주로 *주석의 중심이 된다. 경우에 따라서 페리코페는 *복음서의 기본적인 단위를 일컫기도 하는데, 이는 아마도 주로 초대 교회에서 널리 사용되던 개별적인 예수의 말이나 행동과 관련된 것이었으며, 후에 복음서 기자가 더 긴 서사에 통합시키게 된다.

페미니스트 해석학, 페미니스트 (성경) 비평 feminist hermeneutics,

feminist criticism 성경 본문 자체보다는 세계관으로서의 페미니즘이 갖는 관심사에서 시작하는 해석 접근법들. 이 방식의 전제는 남자들은 역사 내내 여자들을 하찮게 여겨 왔다는 점이다. 즉 여자들은 권위 있는 지위를 가질 수 없었으며 그에 따라 사회 구조나 역할에 대해 적절한 영향력을 발휘할 수 없었다. 페미니스트 성경 비평은 텍스트를 다양한 방식으로 접근하지만, 주로 여자들이 어떻게 텍스트들에서 배제되었는지 그리고 텍스트들에 내재된 정당화가 무엇인지 드러내는 방법을 사용한다. 성경에서 여자들이 억압된 다양한 방식을 찾아서 드러내는 사람에서부터(이야기 속에 여자는 자신의 이름이 등장하여도 대사가 거의 없거나 아예 침묵한다; 예. 사라가 아브라함의 누이 취급을 받는 이야기들), 남성 지배적인 텍스트에서도 '여성 지지적'pro-women인 요소들을 찾아서 이용할 수 있다고 주장하는 사람까지 있다. 그러므로 페미니스트 접근법은 텍스트가 여자를 어떻게 다루는지를 이해하려는 시도일 뿐 아니라, 페미니스트의 관점에서 텍스트를 평가하는 방식이다. **참조.** *우머니스트 해석.

페샤트 peshat 본문의 '평이한' 의미를 나타내는 히브리어 용어. 페샤트는 설교적 의미를 나타내는 *데라쉬와 대조되는 개념이다. 페샤트와 데라쉬는 대략적으로 기독교 성경 해석의 문자적 의미와 영적 의미에 해당한다. 페샤트는 특별히 위대한 중세의 유대교 주석가 *라쉬Rashi를 통해서 발전했다(라쉬는 이후의 기독교 성경 해석에도 영향을 미쳤다). 페샤트와 데라쉬는 그 양식과 내용이 다르지만 대개 나란히 쓰였으며, 반대되는 개념이라기보다는 해석 작업에서 다른 목적을 갖고 있다고 봐야 한다. **참조.** *센수스 리테랄리스; *센수스 플레니오르.

페쉐르 pesher 페셰르 '해석'을 의미하는 히브리어 단어에서 파생된 용어이며 *사해 문서에서 특별히 발견되는 주석으로, 해석자가 처한 (주로 마지막 때로 여겨지는) 시대와 상황을 바탕으로 성경의 구절을 해석하는 형태이다. 예를 들어 쿰란 공동체에서 발견된 하박국 1:4에 대한 주석(하박국 주석Pesher Habakkuk)은 그 공동체의 주요 인물이었던 '악한 사제'Wicked Priest와 '의의 교사'Teacher of Righteousness에 초점을 맞춘다. 페쉐르의 또 다른 예를 신약에서도 찾을 수 있다. 예를 들어 사도행전 2:16-20에서 베드로는 기적적인 '방언'과 함께 일어난 일들이 요엘이 수 세기 전 말한 내용이라 했다(욜 2:28-32; 참조. 행 4:11 = 시 118:22; 엡 5:31 = 창 2:24).

페쉬타 (역본) Peshitta 페시타 성경의 고대 시리아어 번역본(문자적으로는 '단순한 본'을 의미). 페쉬타는 *칠십인경과 *타르굼의 영향을 많이 받았다. 여러 번역가가 함께 꽤 긴 시간 동안 작업한 것처럼 보이지만, 작성 시기 자체는 2세기까지 거슬러 올라간다고 볼 수 있다. 그러나 칠십인경과 타르굼의 영향을 받았다는 사실이 정확한 시기 측정을 어렵게 만든다. 또한 역자들이 유대교인이었는지 그리스도인이었는지에 대한 논쟁이 아직도 이어지고 있다. 페쉬타는 *마소라 히브리어 본문과 매우 흡사하기 때문에, 이 역본을 사용한 공동체가 어떤 본문을 어떻게 이해했는지를 엿볼 수 있게 해 주며 동시에 성경의 본문들이 어떻게 전달되었는지를 보여 준다. **참조.** *본문 비평.

편집 비평 redaction criticism 저자나 편집자가 자신의 저서를 구성할 때 어떻게 자료들을 선택하고 형성하고 짜 맞췄는지를 드러내려는 텍스트 해석 접근법. 이 접근법은 일반적으로 개별 절보다는 더 큰 문학적 단위에 집중하며, 대개 성경의 편집자들을 정당한 저자가 아닌 엮은이로만 여겼다. 편집 비평은 *복음서 연구에서 큰 도움을 주는데, 예를 들어 마태복음과 마가복음의 본문을 나란히 두고 누가복음을 추가적인 비교 대상으로 삼음으로써, 어떻게 마태복음이 마가복음을 사용했으며 마태가 어떤 목적을 갖고 있었는지를 알 수 있다. 편집 비평은 또한 성경의 한 권이나 일련의 성경들이 갖고 있는 의도나 관점을 드러내려 한다[예. *누가행전; *신명기계 역사(서)]. **참조.** *경향 비평.

편집사 Redaktionsgeschichte *편집 비평을 보라.

편집자 redactor 개정자 문학 작품을 구성하기 위해 문학 자료를 편집, 개정 혹은 형성하는 사람. **참조.** *편집 비평.

평행법 parallelism 병행법, 대구법 히브리 시에서 병행하는 시행(혹은 소절)이 갖는 특성을 가리킨다. 평행법은 앞 행에서 나타난 생각이나 심상이 이어지는 행(들)에서도 나타나는 것으로, '같은 것을 다른 표현으로' 말하는 효과를 가진다(루이스C. S. Lewis). 로버트 로우스Robert Lowth는 18세기에 평행법을 세 가지 형태로 분류했다: 첫째 형태는 동의평행법synonymous으로, 두 번째 행이 첫 번째 행을 복사한다. 둘째 형태는 대조평행법(혹은 반의적antithetical)으로, 둘째 행이 첫째 행과 대조된다. 셋째 형태는 합성평행법synthetic으로, 둘째 행이 첫째 행의 생각을 한 단계 전진시킨다. 바로 이 평행법 때문에 히브리 시 번역 작업이 겉으로는 단순해 보이지만 실제로는 그렇지 않다. 시행(소절)들을 조화시키는 다양한 방식은 소리, 형태, 그리고 심지어 문법 구조의 수준에서 이루어지기 때문이다. 최근 연구는 행들을 더 섬세하게 조화시키는 데 집중해 왔으며, 병행되는 생각뿐 아니라 모든 언어적 특징을 고려할 필요성을 강조했다. 예를 들어 욥기 5:14에는 이런 본문이 나온다.

그들은 낮에도 어두움을 만나고
　　대낮에도 더듬기를 밤과 같이 하느니라.

'낮'과 '밤'은 대조를 위해 일반적으로 함께 쓰이는 한 쌍이며, 히브리어 본문에서 같은 자리에 위치한다(한국어 번역에서는 위치가 각기 다르지만, 히브리어 본문에서는 둘 다 첫 단어임ⓒ). 하지만 '낮'과 '대낮' 그리고 '어두움'과 '밤'은 각 행에서 반대편 자리에 있으면서 비슷한 의미를 갖고 있다(히브리어로는 동사들은 사실 각 행의 중간에 있으며 각 행은 단 세 개의 히브리어 단어로 구성되었다). 이 시는 '낮'으로 시작되어 '대낮'으로 끝나고, 그 사이에는 '어두움'과 '밤'이 있다. 그러므로 이 시는 흡사하고 대조되는 심상들의 병행을 바탕으로, 매우 빡빡하고 기교 있게 구성되었다.

포어라게 Vorlage 특정 본문 이전 자료SYK 현존하는 어떤 성경 본문을 이루는 이면의 자료source나 원형prototype을 가리킨다(독일어로 '…앞에 있는 것'을 의미). 예를 들어 복음서 연구에서 누가와 마태는 우리가 갖고 있는 *정경 속 마가복음과는 다른 마가복음의 초기 사본을 사용했을 수 있다. 구약학에서 어떤 사람들은 JEDP를(**참조.** *문서설) 오경의 포어라게로 본다. 같은 맥락에서 역대기의 포어라게는 사무엘기와 열왕기다. (원본原本이라는 용어가 사용되기도 하는데, 마치 원본이 존재하는 것 같은 그릇된 이해를 줄 수 있기 때문에 적절한 번역어는 아니다.SYK) **참조.** *원복음서; *원마가복음.

폰 라트, 게르하르트 Rad, Gerhard von (1901-1971) 독일의 구약학자. 폰 라트는 학문 추구, 생생한 믿음, 아름다운 산문체를 합치는 능력으로 말미암아 가장 널리 읽히고 존경받는 20세기 구약 신학자 중에서 한 사람이 되었다. 그는 창세기 주석과 (새로운 각 세대를 위한 *야훼의 언어로 들을 수 있고 실현될 수 있는 다양한 전승들의 생명력을 강조한) 2권으로 구성된 *Theologie des Alten Testaments*[Band 1 (1957); Band 2 (1967);『구약 성서 신학 1, 2, 3』, 분도출판사, 1980]로 가장 잘 알려졌다. 발터 *아이히로트Walther Eichrodt와는 다르게, 폰 라트는 중심 주제 대신 전승들의 역사를 중심으로 구약 신학을 형성했다. 신앙을 형성하는 *제의cult와 신앙을 전수하는 고백적 진술의 중요성은 폰 라트의 주된 관심사였다.

표준(문)구(절)標準句 *locus classicus* '표준 장소'를 의미하는 라틴어 용어(복. *loci classici*). 성서학에서 *locus classicus*는 어떤 원칙 또는 교리, 성경적 개념을 가장 잘 설명해 주는 성경 구절을 가리킨다. 예를 들어 미가 6:8("여호와께서 네게 구하시는 것은 오직 정의를 행하며 인자를 사랑하며 겸손하게 네 하나님과 함께 행하는 것이 아니냐")은 하나님이 *토라를 통해 맺은 *언약 관계에서 하나님이 요구하는 바를 이해하는 데 핵심적인 구절이다. 유사하게 신명기 18:15-22은 진정한 예언자의 모습을 가장 잘 보여 주는 본문이다. 신약의 경우 예수가 누가복음 10:27에서 구약을 인용하는 구절이 기독교 제자도의 표준구다. "네 마음을 다하며 목숨을 다하며 힘을 다하며 뜻을 다하여 주 너의 하나님을 사랑하고 또한 네 이웃을 네 자신 같이 사랑하라." 로마서 3:21-26은 바울의 칭의 이해를 제시하는 표준구다.

풍요 제의 fertility cult 풍산 제의HJR 신자들의 희생 제물에 대한 응답으로 풍성한 수확을 약속하는 신들에게 바치는 예배. 농업은 고대 서아시아근동 지역의 생활에서 핵심적 요소였으며, 특히 토지 생산성은 대개 종교적 신앙이나 *제의 의식과 연관되어 있었다. 이 주제로 구약학과 관련해서는, 바알 신이 등장하는 일부 *우가리트 텍스트들에서 토지의 비옥함과 충분한 강수량의 연관성을 상징하는 것으로 묘사되었다는 점에 주목할 필요가 있다. 바알의 선지자들과 엘리야에 대한 이야기(왕상 18장)는 이러한 이스라엘의 사고방식에 미친 영향과 예언자 엘리야가 이에 대적하는 모습을 보여 준다.

풍유諷喩 allegory 우의寓意, 알레고리 이야기 자체보다 그것이 상징하는 바가 더 중요한 문학 양식. 이 양식은 주인공, 그리고 때로는 사건이나 장소를 추상적 개념이나 역사 인물의 전형으로 해석하고, 인물의 성격이나 사건 자체의 특성에 무게를 두지 않는다. 예를 들어 나단의 암양 이야기는 양 자체보다는 양이 상징하는 밧세바에 초점을 맞춘다(삼하 12:1-14). 유사하게 이사야서에서도 비유 속 포도원을 이스라엘로 본다(사 5:1-10). 예수의 몇 가지 비유 또한 명백하게 풍유적인 요소가 있다[예. 씨 뿌리는 사람 비유(마 13장; 막 4장; 눅 8장)]. 일반적으로 풍유의 초점은 각기 사물이나 사람이 어떤 것을 의미하는지에 있지 않고, 풍유 자체가 어떤 덕이나 악덕이나 주인공의 유형이나, 간혹 관련된 역사적 인물이나 사건을 상징하는 데 있다. **참조.** *은유.

풍유법諷喩法 allegorical method 알레고리 해석법 본문 속 인물, 사건, 장소가 텍스트 그대로보다 '더 깊은' 의미를 갖고 있다고 보는 해석 방법. 풍유법은 특히 창세기 22장의 '이삭의 제사'처럼 어려운 텍스트나, 후대 독자들에게 더 이상 같은 무게를 느끼게 해 줄 수 없는 텍스트일 경우(예. 그리스도인들에게 성전이나 음식에 관한 율법은 예수의 인격과 사역으로 말미암아 새로운 의미를 가진다) 사용된다. 그런 텍스트들은 이 방법을 통해 새로운 생명력이나 더 넓은 의미가 부여되어, 새로운 배경에서 이해하기 더 쉬워지고, 더 큰 연관성을 갖게 된다. 풍유법의 위험성은 텍스트와 일치하지 않거나 일관되지 않은 내용을 텍스트에 투영할 수 있다는 데 있다. **참조.** *모형론.

플라톤주의 Platonism 플라톤 철학 아테네 철학자 플라톤의 철학을 바탕으로 한 철학 체계. 플라톤주의로 불리는 철학 운동은 실제로

플라톤이 기원전 387년에 설립한 아카데미아Academy와 그가 기원전 347년에 죽은 후 그를 뒤이은 제자들로 말미암아 시작되었다. 플라톤주의는 형이상학, 논리학, 윤리학과 같은 학설을 다루지만, 그가 서구 사상에 미친 영향에는 '형상'form 및 불멸성immortality이라는 개념도 포함된다. 플라톤은 모든 피조물이 영원하고 초월적인 형상, 즉 최고의 존재인 '선'의 이데아form of 'the Good'의 불완전한 모사라고 가르쳤다. 영혼이 육체로부터 해방된 후에야 가장 순수한 형상 속에서 진리를 관조할 수 있다.

플레로마 *plērōma* '가득 참'이나 '온전함, 충만함, 풍성함'으로 번역할 수 있는 그리스어 용어. 신약에서 이 용어는 때가 찬 상태, 적절한 시기(갈 4:4; 엡 1:10), 유대인의 '충만한 포함'(롬 11:12), 이방인의 '충만한 수'(롬 11:25), 하나님과 그리스도의 충만한 상태the totality of God's and Christ's being(엡 3:19; 4:13; 골 1:19; 2:9) 그리고 교회의 충만함(엡 1:23)을 가리킬 때 쓰인다. 어떤 학자들은 이를 *영지주의gnostic 기독교에서 쓰인 전문 용어였다고 생각한다.

플리니우스, 소小 Pliny the Younger, 라. Gaius Plinius Caecilius Secundus (약 61/62-113) 트라야누스 황제Traianus, Trajan의 통치 기간에(98-117) 비티니아 속주의 총독을 지낸 인물. 그가 트라야누스 황제와 주고받은 서신은 신약 연구에 중요한 자료가 되는데, 이는 소 플리니우스가 자신이 다스린 지역의 (기독교) 신자들을, 정기적으로 예배를 위해 모이는 일종의 미신적인 제의 집단으로 묘사했기 때문이다(*Ep.Epistulae*, 서한집 10.96제10권 96번째 편지).

피르케 아보트 Pirqe Aboth, Pirkei Avot *미쉬나의 한 항목으로서, 현인들의 재치와 지혜를 강조하는 격언 모음집(히브리어로 '아버지들의 어록/규범'을 의미). 피르케 아보트의 권위는 모세에서 예언자들에게로, 예언자들에게서 대회당인들the men of the Great Synagogue(*회당)에게로 이어져 내려왔다는 데 있다. 이 책은 안식일에 읽는 글로 많은 인기를 누렸으며, 지금도 유대인들에게 일반적인 가르침을 준다. 이 책에 등장하는 유명한 격언으로는 1세기 랍비 *힐렐이 말한 것으로 알려진 문장이 있다. "내가 나 자신을 위하지 않는다면, 누가 나를 위할 것인가? 그리고 내가 나 자신을 위한다면, 나는 누구인가? 그리고 그 순간이 지금이 아니라면, 언제가 될 것인가?"

필론, 알렉산드리아의 Philo of Alexandria (기원전 약 20-기원후 50) 예수 및 바울과 동시대를 살았던 헬레니즘계 유대인 철학자, 정치가 및 성경(구약) 주석가. 알렉산드리아에서 일어났던 *헬레니즘계 유대인 공동체Hellenistic-Jewish community에 대한 폭동에 대해 호소하기 위해 로마로 가는 파견단을 지도하는 모습에서 그의 정치적 능력을 짐작할 수 있으며, 실제로 파견단은 어느 정도 목적을 달성했다. 필론이 성서학에 미친 중요한 영향으로는 그의 철학적 저술이 있는데, 여기에는 특별히 그의 창세기와 출애굽기 주석이 포함된다. 필론의 *풍유적 해석 방법은 기독교 해석가들에게 많은 영향을 미쳤다(예. 알렉산드리아의 *클레멘스, *오리게네스, *아우구스티누스). 또한 필론의 주석에서는 자기보다 앞선 해석가들의 해석을 명확한 출처 없이 인용 보존되어 있기에 성서학자들에게는 중요한 자료가 된다.●

하가다 haggadah *탈무드와 *미드라쉬에서 비율법적인 부분을 가리키는 용어(단어 자체는 '이야기' 혹은 '낭독'을 의미). 도덕적 가르침, 신학적 고찰, 이야기, 어록, 기도 등을 포함하는 이 해설은 텍스트 내의 문제를 설명하거나 텍스트를 새로운 상황에 적용하려 한다. 현대 유대교에서 (aggadah아가다로 쓰기도 하는) 하가다는 유월절 예배를 의미하게 되었다. **참조.** *할라카.

하기오그라파 Hagiographa 성문서 ***케투빔**을 보라.

하나님 나라 kingdom of God 하나님 왕국 하나님의 백성과 모든 창조 세계를 다스리는 하나님의 통치를 뜻한다. *제2성전기에 왕국에 대한 유대 사상은 하나님이 유대 민족의 원수들을 정복하고 평화의

● 필론에 대해 더 자세한 내용은 케네스 솅크, 『필론 입문』(바오로딸, 2008)을 참고할 것. 필론의 저술 목록은 부록을 참조할 것.ⓒ

시대를 인도함으로써 하나님이 왕이 되고 유대 국가를 회복하는 데 집중했다. 하나님 나라(혹은 하나님의 통치)는 예수의 가르침 중에서 주안점이었는데(마 6:33; 막 1:5; 눅 6:20), 이 왕국은 예수의 인격과 가르침 속에서 현존했으나(눅 10:9; 17:21) 동시에 미래의 완성을 기다린다(눅 13:29; 22:18).

하나님의(신의) 현현 theophany 문자 그대로 해석하면 '하나님의 표현, 표시, 드러남'을 의미한다. 성경에서 나타나는 하나님의 현현은 주로 땅의 진동 현상, 구름, 불, 기타 가시적인 현상 등의 물리적인 징후를 동반한다. 예를 들어 하나님은 타는 떨기나무를 통해 모세에게 나타났으며(출 3장), 예언자 미가가 예언한 하나님의 임재는 산들이 녹고 골짜기들이 갈라지는 현상을 포함했다(미 1:4). 하나님의 현현은 하나님의 능력과 세상에 대한 하나님의 참여를 보여 주며, 동시에 어떤 사건이나 사람에 대한 호의(또는 경멸)를 보여 준다.

하등 비평 lower criticism 저등 비평 *본문 비평을 뜻한다. *아이히호른J. G. Eichhorn이 고안한 용어로, 원저자, 작성 시기, 자료, 구성 등을 비평적으로 다루는 *고등 비평과 대조된다. 두 용어 모두 요즘 학계에서는 거의 찾아볼 수 없다.

하르낙, 아돌프 폰 Harnack, Adolf von (1851-1930) 독일의 교회사가, 신학자, 성경 주석가. 하르낙은 *복음의 "알맹이"를 드러내기 위해 "껍질"을 벗겨 냄으로써 교의적이고 고백적인 교회의 단언으로부터 *주석을 해방하려 했다. 그는 예수가 가르친 내용의 정수가 하나님의 아버지됨, 인류의 가족됨, 인간 영혼의 무한한 가치로 압축될 수 있다는 내용의 인기 도서 *Das Wesen des Christentums*(1900; *What is Christianity?*, 1901; 『기독교의 본질』, 한들, 2007)로 가장 잘 알려져 있다. 그의 학술적 작업은 세 권으로 된 저서 *Lehrbuch der Dogmengeschichte*교의사 교본(1880-1889; *History of Dogma*, 전7권, 1896-1899)에서 엿볼 수 있다.

하스몬 왕조, 하스모니아- Hasmonean dynasty, Hasmoneans, 히. חַשְׁמוֹנָאִים 하쉬모니임 로마 제국이 기원전 63년에 예루살렘을 함락하기 전, 기원전 160년경부터 이스라엘을 다스렸던 *마카베오 제사장 및 왕

가문의 이름. 하스몬 왕조 이야기는 (비록 하스몬이라는 이름은 텍스트에 등장하지 않지만) 마카베오마카비1, 2서에 소개되어 있다. *요세푸스의 저술은, 마카베오서와 함께 하스몬 가문의 통치에 이르기까지 일어난 사건들에 대해 또 다른 중요한 역사적 자료를 우리에게 제공하며, 여기에는 하스몬이라는 단어가 등장한다. 하스몬이라는 이름은 더 오래된 고대 이름(חשמונאי하쉬모나이)에서 파생된 것으로 보인다(요세푸스는 그리스어 Ἀσαμωναῖος아사모나이오스를 사용). 하스몬가의 통치 아래 유다 왕국은 다윗왕이 확립한 국경과 동일한 지점까지 지경을 확장시켰으나, 결국 하스몬 왕조는 그 지역에서 나타난 파벌 싸움과 더불어 *헬레니즘Hellenistic 시기의 통치자가 유지할 수 없었던 그 지역의 '평화'를 가져온 새로운 로마 제국이 가진 위력의 희생물이 되었다. **참조.** *로마의 평화.

하시딤 Hasidim 고대 유대교에서 하스몬 반란the Hasmonean revolt 당시 *헬레니즘에 대항했던 집단(마카베오마카비1서 2:42-48; 히브리어로 '경건한 사람들'을 의미한다). 최근 하시딤은 18세기 중반 동유럽에서 시작된 유대교 갱신 운동을 가리키는 용어가 되기도 했다. 보통은 유대인을 위한 법적 판단 기준인 *할라카halakah를 전체적으로 신실하게 따르는 사람을 가리킨다. 하시딤 문학, 특별히 *설교적homiletic 이야기들은, 유대인 혹은 종교적 독자 이외의 독자층에서도 큰 인기가 있다.

하일스게쉬히테 Heilsgeschichte '구원 역사' 혹은 '구속(역)사'로 주로 번역되는 독일어 신학 용어. **참조.** *쿨만, 오스카; *구원 역사.

학(문) Wissenschaft비센샤프트 과학이나 지식, 지능을 의미하는 독일어 용어. 간혹 영어권 성서학에서 (독일에서 '과학적'인 것으로 여겨지는) *역사 비평 방법론을 성경 연구에 적용하는 행위를 나타내는 의미로 사용된다.

한 차례 낱말 hapax legomenon 하팍스 레고메논 (특정 문서 내에서) 한 단어가 1회만 사용된 경우를 의미하는 그리스어 용어(복. *hapax legomena*하팍스 레고메나). 예를 들어 어떤 단어는 바울 서신 전체에서 단 한 번만 등장하여 바울 서신의 '한 차례 낱말'이 될 수 있다. 이 개념은 몇몇 바울 서신의 원작자를 고려하는 데 중요한 역할을 한다. 한 문서에 많은 '한 차례 낱말'이 등장한다면 바울이 실제 저자가 아닐 수 있기 때문이다. 예를 들어 에베소서에는 51개의 '한 차례 낱말'이 등장하는데, 이 단어들은 바울의 진정성 논란이 없는 편지들에는 등장하지 않는다.●

할라카 halakah *랍비 유대교에서 결정적이거나 구속력 있는 판정 기준으로 기능하는 법적 판결로(히브리어 단어는 '걷다'를 의미), 유대 관습의 모든 측면을 위한 길을 제시한다(참조. 출 18:20). 이 법적 판결의 전통은 *오경에서 앞서 등장한 법에 대한 '해설' 기능을 하는 신명기('두 번째 율법')에서부터 발견되므로, 이 전통은 성경 자체로부터 시작되었다고 볼 수 있다. 할라카는 *바빌론 유배 이후 에스라와 서기관들이 추진했고, 랍비들이 *탈무드에서 성문화했다. 유대인의 삶과 실천에 관한 법적 판결 과정은 주석과 다른 글들을 통해 계속 진행되고 있다. 즉 할라카는 *토라를 지속적으로 적용하는 것을 의미한다. **참조.** *하가다.

함무라비 법전 Code of Hammurabi 고대 서아시아근동에서 발견된 법전 중 가장 광범위한 법전이다. 함무라비는 기원전 18세기 중반 바빌론의 왕이었다. 함무라비 법전은 이미 존재하던 법들을 모아서 개선한 것으로 보인다. 법전은 민법과 형법을 다루며, 그 기원을 설명하는 서문과 맺음말이 있다. 이 법전의 사본들이 해당 지역 곳곳에서, 또 다양한 시대 배경에서 발견된 것을 보면, 함무라비 법전이 고대 서아시아근동에서 가졌던 영향력은 분명하다. 그 내용과 형태가 성경에서 등장하는 법들과 매우 유사하다. 하지만 특별히 성경에 나타나는 율법에는 출애굽과 시내산 *언약이라는 환경과, 많은 율법에 제시된 동기 구절 등과 같은 특징들이 둘 사이의 명백한 차이를 보여 준다. **참조.** *결의법; *토라.

합성 (텍스트) composite 여러 다른 자료(들)나 텍스트(들)로 만든

● 이 번역 용어는 에리히 쳉어, 『구약성경 개론』, 분도출판사, 2012, 1023에서 차용함. 좀 더 의미를 살리기 위해서는 '한 차례만 사용된 낱말'SYK 혹은 '단회 사용 단어'HJR로 조금 더 풀어 쓰면 좋겠지만, 용어로는 사용되기 힘들어 그대로 사용함.ⓒ

어떤 텍스트를 가리키는 용어. 몇몇 학자는 고린도후서와 빌립보서가 하나 이상의 자료(여기서는 서신을 가리킴)를 통합한 결과물이라고 주장하는데, 그에 따라 두 책은 합성 텍스트로 여겨지곤 한다.

해석의 (최고)난제[HJR SNK SYK] *crux interpretum* 해결이 필요하며 논점의 핵심이 되는 중요하거나 당혹스러운 구절(라틴어로 해석의 '십자가' 혹은 '고뇌'를 의미). 난제의 예로는 예수가 "세례 요한의 때부터 지금까지 천국은 침노를 당하나니 침노하는 자는 빼앗느니라"고 말한 본문이 있다(마 11:12). 이런 본문과 다른 난제들은 번역자들과 해석자들에게 지속적인 문제를 안겨 주고 있으며, 우리가 하나님 나라를 어떻게 이해해야 할지에 영향을 미칠 수 있다.

해석학 hermeneutics 해석 이론을 연구하는 학문. '해석학'이라는 용어는 본래 성경 해석에 대한 논의와 해석 방법론의 맥락에서 쓰였으나, 이제는 어의가 확대되어 모든 분야의 텍스트를 해석하는 기술과 이론을 가리킨다. 해석학에 대한 더 광범위한 철학적 고찰은 기존의 전통적인 성경 본문들의 해석 방식에 긴장감을 유발하기도 하지만, 동시에 일반적으로 읽는 행위 자체, 텍스트들의 성격과 권위, 이론과 실천의 관계에 대한 유익한 논의점들을 제시하기도 한다. **참조.** *주석.

해체(주의) deconstruction 탈구축, 탈구조 텍스트에 대한 접근법이기보다는 텍스트들이 어떻게 작용하는지에 대한 인식이나 철학을 의미한다. 보통 텍스트에는 분명한 의미가 있다고 여기지만, 해체에서는 텍스트의 관점이 드러나 있지 않기 때문에, 텍스트의 의도가 확정되지 않고 약해진다. 예를 들어 모든 사람은 욥이 의로운 사람이기에 합당하게 복을 받는 욥기의 앞부분을 보며 '인과응보'(**참조.** *동해보복법同害報復法, *lex talionis*) 교리를 떠올린다. 하지만 욥기 뒷부분은 이 교리에 이의를 제기할 뿐 아니라 그것을 거부하기까지 한다. 결국 결론에서 욥은 회복되고, 이는 시에서 드러난 교리에 대한 의혹을 약화시키는 듯하다. 혹자는 욥기가 이 교리를 '해체'한 뒤, 그 해체를 해체한다고 주장할 것이다. 해체주의는 텍스트와 세계관에 나타나는 복수성plurality과 다양성을 강조하는 포스트모던 사상과 긴밀히 연관되어 있다.

헥사플라 Hexapla 육단 배열 대조 구약성경SNK, 육공관六共觀 구약성경HJR, 육중역본 *오리게네스Origen가 (3세기에) 제1단에는 히브리어 텍스트, 제2단에는 히브리어 텍스트를 오리게네스 자신이 그리스어로 음역transliterate한 음역본, 제3단에는 아퀼라 그리스어 역본, 제4단에는 심마쿠스 그리스어 역본, 제5단에는 칠십인역본, 제6단에는 *테오도티온 그리스어 역본을 서로 대조하면서 볼 수 있도록 편집한 6단 배열 성경으로 다언어 대역 대조 성경Polyglot의 초기 형태라 할 수 있다. 이 문서는 몇몇 파편을 제외하면 유실되었으나, 과반을 차지하는 부분이 오리게네스의 작품을 시리아어로 7세기에 번역한 '시리아어판 헥사플라'에 보존되었다. 헥사플라에는 히브리어 텍스트가 *교부 시대에 어떤 상태로 있었는지를 보여 주는 중요한 증거를 제시한다. **참조.** *칠십인경; *본문 비평.

헬레니즘(적/계) 유대교 hellenistic Judaism, 독. hellenistisches Judentum 헬레니즘 문화와 언어의 여러 가치들을 받아들인 유대교(들)의 유형을 가리키는 용어. 예를 들어 알렉산드리아의 *필론Philo of Alexandria (기원전 약 20-기원후 약 50)은 헬레니즘 철학과 *풍유 주석으로 구약을 해석하려 했던 헬레니즘계 유대인 학자였다. 사도 바울은 유대-헬레니즘계 도시였던 타르수스다소, Tarsus에서 태어나고 자랐기 때문에 헬레니즘계 유대인이었다(**참조.** *헬레니즘). 제 2성전기 유대인들은 모두 헬레니즘 문화의 영향을 받았다는 점을 기억해야 하며, 이에 따라 헬레니즘(적) 유대교는 다양한 수용 정도를 나타낸다.●

헬레니즘, 헬레니즘화 Hellenism, hellenization 알렉산더알렉산드로스 대왕(기원전 334)과 함께 시작된 문화적 영향으로, (사상, 관습, 정치, 건축, 언어, 종교 등의) 헬레니즘 문화가 지중해 문화권에 전파되고, 많은 비헬레니즘 문화와 사회가 이를 받아들였다. 예를 들어 팔레스타인은 당시 상당히 '헬레니즘화'되었다. *디아스포라로 살던 대

● 헬라주의적 유대교 혹은 헬라파 유대교라는 표현이나 용어는 적절치 않다. "서양 고대사에서 고전 그리스 시대와 헬레니즘 시대를 통칭했던 용어인 '헬라'는 더 이상 사용하지 않"기에 성서학에서도 용어 정리가 필요하다. 박정수, 『고대 유대교의 터·무늬』(새물결플러스, 2018), 41, 459를 참고.ⓒ

다수의 유대인은, 그리스어로 말하고 많은 헬레니즘 관습을 따르며 *칠십인경을 그들의 성경으로 여겼기에, 스스로를 '헬레니즘계 유대인'으로 보았다[참조. 행 6:1의 "헬라파 유대인"(개역개정), "그리스말을 사용하는 유대인"(공동번역, 새번역)].●● **참조.** *헬레니즘(적/계) 유대교.

호몰로구메나 homologoumena 논란이 없는 책들SNK, 정경으로 인정된 책들SNK *에우세비우스의 신약 정경 범주 분류에 의하면 교회가 이 책들을 성경으로 고백했다. 에우세비우스에게 호몰로구메나(그리스어 ὁμολογέω호몰로게오는 '고백하다, 공적으로 인정하다'를 의미)는 당시 교회가 성경으로 인정한 책들로, 사복음서, 사도행전, 바울의 열네 서신(히브리서 포함), 베드로전서, 요한1서가 포함되며, 어쩌면 요한계시록까지 들어간다. **참조.** *안티레고메나; *바울 호몰로구메나.

호트, F. J. A. Hort, Fenton John Anthony (1828-1892) 널리 알려진 영국 본문 비평학자다. 호트의 대표적인 업적은 동료 *웨스트코트B. F. Westcott와 함께 작업한 중요한 그리스어 신약 비평 본문서인 *The New Testament in the Original Greek, with Introduction and Appendix*그리스어 원본 신약 성경, 서론과 부록 포함(1881)라고 할 수 있다. 그는 또한 1881년에 출판된 RVEnglish Revised Version가 출간되는 데 중요한 역할을 했다.

혼합주의 syncretism 다양한 종교에서 가져온 다양하고 대개 모순되는 교리와 관습을 한 체계로 합치거나, 단순히 외래 사상과 관습을 하나의 종교로 변경하고 동화시키는 것을 가리킨다[그. συν쉰(함께) + κρᾶσις크라시스(섞기)]. 유대교와 기독교 모두 혼합주의의 영향을 받기 쉬웠고, (예언자, 사도 등과 같은) 지도자들은 계속해서 교리의 정통성과 윤리의 순수성을 유지하도록 경고했다.

회당(, 유대교) synagogue 유대인들이 기도하고, 공부하고, 예배하기 위해 모이는 모임이나 그 장소를 말한다. 영어 단어 회당은 모여

●● 헬라적, 헬라주의, 헬라화는 헬레니즘(화)으로 대체될 필요가 있다. "서양 고대사에서 고전 그리스 시대와 헬레니즘 시대를 통칭했던 용어인 '헬라'는 더 이상 사용하지 않는다." 박정수, 『고대 유대교의 터·무늬』(새물결플러스, 2018), 41, 459를 참고.ⓒ

있는 사람 자체나 그 모임이 있는 장소를 의미하는 그리스어 συνα-γωγή쉬나고게에서 나왔다(**참조.** *에클레시아). 신약을 보면 유대인들이 회당을 기도, 공부, 예배의 장소로 썼으며(눅 4:16-30; 행 13:15; 14:1; 15:21; 17:1-3), 또한 법을 집행하는 장소로 사용했음을 볼 수 있다(막 13:9; 요 9:22; 12:42; 16:2; 행 22:19; 고후 11:24). 회당은 초기 기독교 가정 교회의 원형이 되었다.

희년 Year of Jubilee 7번의 안식년(7년) 주기를 끝내는 해로, 만물(사람, 동산, 토지)을 위해 '자유'가 선포되고, 이전 상태로의 회복이 허락된다. 레위기 25장은 토지 및 노예의 소유원에 대한 규칙을 설명한다. 토지와 사람은 다른 사람에 의해 소유될 수 없는데, 둘 모두 주에게 속하기 때문이다(24:23, 42). 토지는 7년째마다 '안식'을 가져야 했고, 50번째 해인 희년에는(7×7+1) 토지 자체가 원래 주인에게로 '해방'된다. 유사한 방식으로 빚 때문에 고용 계약을 맺은 노예는 친척에 의해서 혹은 희년으로 말미암아 해방될 수 있다. 에스겔 예언자 또한 재산이 원래 주인에게 되돌아가는 '해방'의 해에 대해 이야기하는데(겔 46:16-18), 신약에서 예수가 나사렛의 회당에서(참조. 눅 4:18-19) 이사야 61:1-2의 단어들을 이용하여 이 심상을 사용한다("주 여호와의 영이 내게 내리셨으니…가난한 자에게 아름다운 소식을 전하게…마음이 상한 자를 고치며…포로된 자에게 자유를…여호와의 은혜의 해를 선포하여").

히브리 성경 Hebrew Bible 히브리어 성경 최근 들어 유대교에 대한 존중의 의미로, 구약(성경)이라는 표현 대신 히브리 성경이라는 표현이(주류 성서학자들에 의해ⓒ) 사용되는데, 이는 '구약'은 신약에 의해 대체되었다는 의미를 내포하기 때문이다. 하지만 어떤 학자들은 구약과 신약이라는 용어가 예수 그리스도의 죽음과 부활이 가지는 중요성을 보여 주고, 그에 따라 '신'과 '구'의 구분이 여전히 기독교 신학에서 차지하는 자리가 있다고 본다.● **참조.** *타나크.

● 다른 문제점들로는 아람어로 기록된 부분이 있다는 점, 히브리 성경과 기독교의 구약 사이에는 책의 수(특히 가톨릭)와 순서에 차이가 있다는 점 등이 있다. 버나드 W. 앤더슨, 『구약성서 탐구』(기독교문서선교회, 2017, 5판), 32를 참고.ⓒ

히스토리, 히스토리적 Historie, historisch 독일 신학, 특별히 루돌프 *불트만Rudolf Bultmann의 예수와 복음서에 관한 저서에는 중요한 의미 차이가 있는 여러 독일어 개념어들이 사용된다(이를 영역으로 구별하기 매우 어려움). '히스토리'(역사; 독. Historie; 형용사. historisch)는 "예수는 1세기에 살았던 유대인이다"와 같이 학문과 연구를 통해 입증할 수 있는 역사적으로 객관적인 사실(시기, 장소 등)을 묘사하기 위해 쓴다. 반면 '게쉬히테'Geschichte(초역사)는, "예수는 하나님의 아들이다"처럼, (Historie의 관점에서) 역사적으로 입증할 수 없는 주장 혹은 역사적 의의가 있는 사건을 가리키는 단어다. 마르틴 켈러Martin Kähler는 자신의 유명한 책 제목으로 두 용어를 맞붙였다(*Der sogenannte historische Jesus und der geschichtliche, biblische Christus*소위 히스토리적(역사적) 예수와 의미사적(초역사적), 성경적 그리스도; *The So-Called Historical Jesus and the Historic Biblical Christ*).●●

히에로니무스 Jerome, 라. Eusebius Sophronius Hieronymus (약 347-420) 예로니모, 제롬 초기 기독교 교부이자 성경 학자. 히에로니무스는 가장 흥미로우면서 복잡다단한 초기 교회 교부 중 한 명으로, 그 지식의 넓이와 깊이와 다재다능함에 있어서 견줄 사람이 없다. 현재의 이탈리아에 해당하는 지역에서 그리스도인 부모 아래에서 태어난 그는 12살의 나이에 그리스어, 라틴어, 수사학, 철학을 공부하기 위해 로마로 갔다. 그는 후에 동쪽으로 여행을 떠나 히브리어를 배우고 결국 베들레헴에 도착하여 그곳에서 여생을 보냈다. 그의 해석 방법은 히브리어 원문을 자신이 새로이 번역한 라틴어 역본과 *칠십인경을 나란히 두고 하나씩 해설을 다는 것이었다. 그는 *랍비 자료들을 이용하여 각 절을 문자적으로 해석한 뒤 칠십인경과 *오리게네스의 자료를 이용하여 각 절을 영적으로 해석했다. 히에로니무스는 히브리어와 그리스어 성경을 라틴어로 번역한 *불가타 역본을 남겼다.

●● 대안으로 Historie를 '역사'로, Geschichte를 '초역사'로SNK 혹은 Historie를 '사실로서의 역사'로, Geschichte를 '의미로서의 역사'로 쓸 수도 있다.DHJ

히타이트 Hittite 헷 인도-유럽에 속하는 민족으로, 그 영향력을 기원전 2000년간 소아시아에서부터 *레반트 지방 전역까지 미쳤다. 히타이트 사람들은 *족장(창 23장) 및 가나안 정복(삿 3:5-6) 이야기에 등장하며, 심지어 이스라엘 왕정 시대에도 나타난다(삼하 11-12장). 어떤 학자들은 히타이트 조약을 구약 *언약의 모형으로 보기도 한다.

힐렐 Hillel 기원전 1세기 말에서 기원후 1세기 초까지 살았던 유명한 랍비 힐렐은 대략적으로 예수 및 바울과 동시대 인물이었으며, 랍비 전통에서 히브리 성경(구약) 이후 유대교 역사상 가장 영향력 있는 인물로 여겨져 종종 모세나 에스라와 비교된다. 전해지는 바에 의하면 그는 바리새파의 지도자였으며(기원전 30-기원후 10), 산헤드린 공회 의장이었다. 율법에 대한 그의 견해는 그를 따랐던 사람들(힐렐학파)에 의해 이어졌으며 70년의 예루살렘 멸망 이후 널리 퍼졌다. **참조.** *샴마이.

A-Z

ANE Ancient Near East의 약자 *고대 서아시아(근동)를 보라.

BCE, B. C. E. Before Common Era 공통 시대 이전을 뜻하는 약어. 이 용어는 더 전통적인 B.C.Before Christ(그리스도 이전, 혹은 주전)와 같은 의미지만 기독교나 신학과 무관하다. 공통 시대란 유대인이나 그리스도인들에게 공통되거나 그들이 공유하는 시대다. (알맹e 자체 항목.ⓔ)

CE, C. E. Common Era 공통 시대, 즉 그리스도인과 유대인에게 공통된 시대를 가리키는 용어로 기독교에서 파생된 '주후'A.D.와 결과적으로는 같은 시기를 가리키지만, 더 종교 중립적 용어다. (알맹e 자체 항목.ⓔ)

DtrH *신명기계 역사(서)Deuteronomistic History의 줄임말. 독일어 DtrG.

JEDP *문서설을 보라.

LXX ***칠십인경**을 보라.

L자료 L tradition **누가의 특수자료** 누가복음에서만 찾아볼 수 있는 복음서 자료다. 스트리터B. H. Streeter가 제시한 *네자료설에 의하면, L자료는 선한 사마리아인 비유(눅 10:29-37)와 탕자의 비유(15:11-32)처럼 누가복음에만 있는 자료를 의미한다.

M자료 M tradition **마태의 특수자료** 유일하게 마태복음에서만 볼 수 있는 복음서 자료다. *네자료설에서 나타난 스트리터B. H. Streeter의 발의에 의하면, M은 마태에게만 있었던 자료를 상징하는데, 족보와 예수의 탄생을 둘러싼 사건들(마 1-2장)과 특정 비유들을 포함한다(예. 마 13:44-46; 20:1-16).

Q자료 Q source **Q 문서** 예수의 어록을 모아 놓은 가상의 문서. Q는 '자료' 혹은 '근원'을 의미하는 독일어 단어 Quelle크벨레의 약어. *공관복음서 문제의 *두자료설에 의하면, Q는 마태복음과 누가복음에는 공통으로 있지만 마가복음에는 나타나지 않는 예수 어록(약 230절)의 출처를 해명해 주는 (가상의) 자료다. Q의 기원, 시기, *기원지provenance, 신학적 관점에 대해서는 학자들이 보편적인 합의점을 찾지 못하고 있다.

YHWH ***야훼**를 보라.

표제어 영문 색인

A

abomination of desolation 멸망의 가증한 것
acrostic 답관체
aggadah 아가다 (*하가다를 보라.)
agora 아고라
agraphon 아그라폰
Akkadian 아카드어
Albright, William Foxwell 올브라이트, 윌리엄 F.
Alexandrian school 알렉산드리아학파
Alexandrian text type 알렉산드리아(계) 텍스트 유형
allegorical method 풍유법
allegory 풍유
alpha and omega 알파와 오메가
'am hā'āreṣṣ 암 하아레츠
amanuensis 대필자
Amarna tablets 아마르나 토판
Amenemope, Instruction of 아메네모페의 교훈
Amoraim 아모라임
amphictyony, tribal confederacy 지파 동맹
anachronism 시대착오(적 오류)
Ancient Near East 고대 서아시아
ANE Ancient Near East (*고대 서아시아(근동)을 보라.)
aniconic 무형상적인
anonymity, anonymous 익명(저자), 익명(저자)의
anthropomorphism 신인동형론
anthropopathism 신인동성론
antilegomena 안티레고메나
antinomian 반율법주의자
Antiochene school 안티오키아학파
antitheses 대립명제(들)
antitype 대형 (*모형론을 보라.)
aphorism 아포리즘
apocalypse 묵시
apocalyptic 묵시 (문학)
apocalypticism 묵시(사상)
Apocrypha, the 외경
apocryphal 외경의
apodictic law 정언(명)법
apophthegma 아포프테그마
aporia 아포리아
apostolic parousia 사도(적) 임재
Aqedah 아케다
Aquinas, Thomas 아퀴나스, 토마스
Aramaism 아람어 영향(현상)
aretalogy 영웅적 덕행
Aristeas, Letter of 아리스테아스의 편지
Asherah 아세라
Athanasius 아타나시우스
AUC 로마 건국 원년
Augustinus, Augustine 아우구스티누스
Augustinian Hypothesis 아우구스티누스 가설
autograph 원본

B

Babylonian exile 바빌론 유배
Bar Kokhba 바르 코크바
Barth, Karl 바르트, 칼
Bat Qol 바트 콜
Baur, Ferdinand Christian 바우어, 페르디난트 크리스티안
Bede, St., Beda Venerabilis 베다, 성
Before Common Era BCE, B. C. E.
Benedictus 베네딕투스

Bernard of Clairvaux 베르나르, 클레르보의

biblical criticism 성경 비평

Biblical Theology Movement 성경 신학 운동

biblicism 성서문자주의

bibliolatry 성경숭배(주의)

binding of Isaac 이삭 결박 (*아케다를 보라.)

binitarianism 이위일체론

Birkat Haminim 유대교 저주 기도문

book of the covenant 언약서 (*언약법전을 보라.)

Book of the Twelve 열두 책

Books of Enoch 에녹서

Bornkamm, Günther 보른캄, 귄터

boundary markers 경계 표지 (*바울에 관한 새 관점을 보라.)

Bousset, Wilhelm 부세트, 빌헬름

Bruce, Frederick Fyvie 브루스, 프레드릭 파이비

Bultmann, Rudolf Karl 불트만, 루돌프 칼

C

canon 정경

canonical criticism 정경 비평

Captivity Epistles 옥중 서신

casuistic law 결의(론적 율)법

catalogue of vices and virtues 악덕과 (미)덕 목록

catechesis, catechetical 교리문답

Catholic Epistles 공동 서신

charisma 은사

chiasm 교차배열법

Childs, Brevard Springs 차일즈, 브레바드 S.

chreia 크레이아

christological titles 기독론(적) 호칭

Christophany 그리스도(의) 현현

Chronicler 역대기 사가

Chrysostom, John 크리소스토무스, 요한네스

Classical Rhetorical Criticism 고전 수사 비평 (*수사 비평을 보라.)

Clement of Alexandria 클레멘스, 알렉산드리아의

codex 코덱스

coherence, criterion of 일관성의 원칙

Comma Johanneum 요한의 콤마

Common Era CE, C. E.

comparative midrash 비교 미드라쉬 (*성경 내적 주석을 보라.)

complaint psalms 불평 시편 (*탄원 시편을 보라.)

composite 합성 (텍스트)

composition criticism 구성 비평

conflict story 갈등 담화

controversy dialogue 논쟁사화 (*갈등 담화를 보라.)

Conzelmann, Hans 콘첼만, 한스

corporate personality 집단 인격

corpus 전집

Council of Carthage 카르타고 공의회

Council of Jamnia 얌니아 회의

Council of Jerusalem 예루살렘 공의회

Council of Trent 트렌트 공회의

covenant 언약

Covenant Code 언약법전

covenant renewal 언약 갱신

covenantal nomism 언약적 율법주의 (*바울에 관한 새 관점을 보라.)

credo, creed 신조

criteria of authenticity 진정성 (판단) 기준

critical apparatus 본문 비평 장치
crux interpretum 해석의 (최고)난제
Cullmann, Oscar 쿨만, 오스카
cult, cultus 제의
cuneiform 쐐기꼴/형 문자
Cynic 견유학파
Cyril of Alexandria 키릴루스, 알렉산드리아의
Cyrus 키루스 2세(혹은 대제)

D

Damascus Document 다마스쿠스 문서
Dead Sea Scrolls 사해 문서
Decalogue 십계명
deconstruction 해체(주의)
demiurge 데미우르고스
demythologization 탈신화화
derash 데라쉬
deuterocanonical books 제2정경(의 책들)
Deutero-Isaiah, Second Isaiah 제2이사야
Deuteronomist 신명기 사가
Deuteronomistic History 신명기계 역사(서)
deutero-Pauline 제2바울(계) (서신)
Diaspora 디아스포라
Diatessaron 디아테사론
diatribe 디아트리베
didache 디다케
Didache, the 디다케
didactic 교훈적인
dirge 애도가 (*탄원 시편을 보라.)
discourse analysis 담론 분석
dissimilarity, criterion of 비유사성의 원칙
dittography 중복오사

divine man 신인
docetism 가현설
Documentary Hypothesis 문서설
Dodd, Charles Harold 도드, C. H.
dominical saying 예수의 어록
double tradition 이중 전승
doxology 영광송
Driver, Samuel Rolles 드라이버, S. R.
DtrH Deuteronomistic History의 줄임말 (*신명기계 역사(서)를 보라.)

E

early catholicism 초기 공교회(주의)
Ebionites, Ebionism 에비온파, 에비온주의
Ebla 에블라
ecclesia 에클레시아
Eichhorn, Johann Gottfried 아이히호른, 요한 고트프리트
Eichrodt, Walther 아이히로트, 발터
eisegesis 자의적 주석
ellipsis 생략법
Elohist 엘로히스트
emendation 교정
encomium 예찬
enthronement psalms 즉위 시편(, 야훼)
Enuma Elish 에누마 엘리쉬
epic 서사시
epigram 경구 (*잠언을 보라.)
epigraphy 금석학
epiphany 주현
episcopacy 감독 제도
eponym 에포님
Erasmus, Desiderius 에라스무스, 데시데리위스
eschatology 종말론
Essenes 에세네파

etiology 유래설화
Eucharist 성찬
Eusebius 에우세비우스
Eusebius Sophronius Hieronymus 히에로니무스
exaltation of Christ 그리스도의 높아지심
execration texts 저주 텍스트(들)
exegesis 주석
exile 유배
exodus 출애굽(기)

F

farewell discourse 고별 담론
feminist hermeneutics, feminist criticism 페미니스트 해석학, 페미니스트 (성경) 비평
Fertile Crescent 비옥한 초승달 지대
fertility cult 풍요 제의
Festschrift 기념 논문집
form criticism 양식 비평
Former Prophets 예언서, 전기 (*느비임을 보라.)
Formgeschichte Form History 양식사
formulas, pre-Pauline 바울 이전 전승 (구)
Four-Document Hypothesis 네문서설 (*네자료설을 보라.)
Four-Source Hypothesis 네자료설
Fourth Philosophy 제4철학(파)
Fragment Hypothesis 단편 (문서)(가)설

G

Gattung 가퉁
gehenna 게헨나
Gemarah 게마라 (*탈무드를 보라.)
genizah 게니자
genre 장르

genre criticism 장르 비평
Geonim 게오님
Geschichte 게쉬히테 (*히스토리를 보라.)
Gilgamesh Epic 길가메쉬 서사시
gloss 난외 (어구) 주석
glossolalia 방언
gnosis 영지
gnostic 영지주의자
Gnosticism 영지주의
gospel 복음(서)
Gospels, canonical 복음서, 정경
Graf-Wellhausen Hypothesis 그라프-벨하우젠 가설 (*문서설을 보라.)
Great Synagogue, the 대회당
Griesbach, Johann Jakob 그리스바흐, 요한 야코프
Griesbach-Farmer Hypothesis 그리스바흐-파머 가설
Gunkel, Hermann 궁켈, 헤르만

H

haggadah 하가다
Hagiographa 하기오그라파
halakah 할라카
Hammurabi, Code of 함무라비 법전
hapax legomenon 한 차례 낱말
haplography 중자탈오
harmony (of the Gospels) 복음서 조화
Harnack, Adolf von 하르낙, 아돌프 폰
Hasidim 하시딤
Hasmonean dynasty, Hasmoneans 하스몬 왕조, 하스모니아-
Hauptbriefe 주요한 서신들
Hebrew Bible 히브리 성경
Heilsgeschichte 하일스게쉬히테
Hellenism, hellenization 헬레니즘, 헬레니즘화

hellenistic Judaism 헬레니즘(적/계) 유대교
henotheism 단일신교
hermeneutics 해석학
Hexapla 헥사플라
Hexateuch 육경
hieroglyph 상형 문자
higher criticism 고등 비평
Hillel 힐렐
historical criticism 역사 비평
historical Jesus 역사적 예수
Historie, historisch 히스토리, 히스토리적
history of religions school 종교사학파
Hittite 히타이트
Holiness Code 성결 법전
holy war 거룩한 전쟁
homiletics 설교학
homily 설교
homoioteleuton 유사문미
homologoumena 호몰로구메나
Hort, Fenton John Anthony 호트, F. J. A.
hortatory 권고
household code 가정 규례
hymn 찬송(시)

I

Ibn Ezra 이븐 에즈라
identity markers 정체성 표지 (*바울에 관한 새 관점을 보라.)
Ignatius, St. 이그나티우스
implied author 내포저자
implied reader 내포독자
imprecatory psalms 저주 시편
inclusio 수미상관(법)
inner-biblical exegesis 성경 내적 주석
Intertestamental Period 중간기(, 신구약)
intertextuality 상호본문성

ipsissima verba Jesu 예수 자신의 (실제) 말(씀)
ipsissima vox Jesu 예수 자신의 (실제) 목소리
Irenaeus 이레나이우스
irony 반어(법)

J

Jahwist 야휘스트
JEDP (*문서설을 보라.)
Jeremias, Joachim 예레미아스, 요아킴
Jerome 히에로니무스
Jesus Seminar, the 지저스 세미나
Jesus tradition 예수 전승
Jewish Christians 유대계 그리스도인(들)
Jewish Revolt 제1차 유대(인) 봉기
Johannine literature, -corpus 요한(계) 문헌
Josephus 요세푸스
Jubilee, Year of 희년
Judaism 유대교
Judaizers 유대주의자
Justin Martyr 유스티누스, 순교자

K

Käsemann, Ernst 케제만, 에른스트
kenosis 케노시스
kerygma 케리그마
Ketef Hinnom amulet 케텝 힌놈 부적
Ketubim/Ketuvim 케투빔/크투빔
kingdom of God 하나님 나라
kinsman redeemer 기업 무를 자
Kittel, Gerhard 키텔, 게르하르트
Koine 코이네
koinonia 코이노니아
Kultgeschichtliche Schule 제의사학파 (*신화 의례 학파를 보라.)

kyrios 퀴리오스

L

L tradition L자료
lament psalms 탄원 시편
Lasterkatalog 악덕 목록 (*악덕과 (미)덕 목록을 보라.)
Latinism 라틴 어법
Latter Prophets 예언서, 후기 (*느비임을 보라.)
Leclerc, Jean 르클레르, 장
lectionary 성서일과
legend 전설
Leitmotiv 라이트모티프
Leitwort 라이트보르트
Levant 레반트
levirate marriage 계대결혼
lexicon 어휘사전
lex talionis 동해보복법
libertinism 방종주의
Lightfoot, Joseph Barber 라이트풋, J. B.
literary criticism 문학 비평
locus classicus 표준(문)구(절)
logion 로기온
Lord's Supper 주의 만찬 (*성찬을 보라.)
lower criticism 하등 비평
Luke-Acts 누가행전
Luther, Martin 루터, 마르틴
LXX (*칠십인경을 보라.)

M

M tradition M자료
Maccabees, Maccabean revolt 마카베오, 마카베오 반란
magic 주술
Magnificat 마그니피카트
Major Prophets 예언서, 대
majuscule 대문자 (*대문자(uncial)를 보라.)
mantic wisdom 점술 지혜
Manual of Discipline 규율 지침서
maranatha 마라나타
Marcion 마르키온
Mark, Secret Gospel of 마가의 비밀 복음서
mashal 마샬
Masorah 마소라
Masoretes 마소라 학자들
materialist criticism 유물론 비평
maxim 격언 (*아포리즘; *잠언을 보라.)
Megilloth 메길롯
merkabah mysticism 메르카바 신비주의
Merneptah Stela 메르넵타 석비(문)
Mesha Stela 메사 석비(문)
Mesopotamia 메소포타미아
messenger formula 메신저 형식(구)
Messianic Secret 메시아 비밀
metaphor 은유
metathesis 자위전환
midrash 미드라쉬
mimesis 미메시스
Minor Prophets 예언서, 소
minuscule 소문자
miracle story 이적 기사
Mishnah 미쉬나
Mithra 미트라
Moabite Stone 모암 석비
monolatry 일신 예배
Mowinckel, Sigmund 모빙켈, 지그문트
multiple attestation, criterion of 다중 증언의 기준
multiple authorship of Isaiah 이사야(서) 복수 저자설
Muratorian Canon 무라토리 정경

mystery 신비
mystery religions 신비종교
myth 신화
Myth and Ritual School 신화 의례 학파

N

Nag Hammadi Library 나그 함마디 문서
narrative criticism 서사 비평
Nebiim 느비임
Nestle, Eberhard 네스틀레, 에버하르트
New Perspective on Paul, NPP 바울에 관한 새 관점
Nicholas de Lyra 니콜라우스, 리라의
Noahic covenant 노아 언약
nomina sacra 노미나 사크라
Noth, Martin 노트, 마르틴
Novum Testamentum 노붐 테스타멘툼
Nunc Dimittis 눙크 디미티스
Nuzi Texts 누지 문서

O

oikoumenē 오이쿠메네
omega 오메가 (*알파와 오메가를 보라.)
oracles against the nations 열방(을 향한) 신탁(들)
oral tradition 구두 전승
Origen 오리게네스
ossuary 유골함
ostraca 도기 파편
Oxyrhynchus papyri 옥시링쿠스 파피루스

P

paleography 고문자학
Palestinian Christians 팔레스타인 그리스도인(들) (*유대계 그리스도인(들)을 보라.)

Palestinian Judaism 팔레스타인 유대교
pantheism 범신론
Papias 파피아스
papyrus 파피루스
parable 비유
paradigma 파라디그마
paradosis 유전
paraenesis 권면
parallelism 평행법
parataxis 병렬(구조)(법)
parchment 양피지 (문서)
Parousia 재림
Passion Narrative 수난기사
Pastoral Epistles 목회 서신
patriarchal history 족장사
patristic era 교부 시대
Pauline homologoumena 바울 호몰로구메나
Pauline school 바울학파
Paulinism 바울적 표현
Paulinist 바울주의자
pax Romana 로마의 평화
Pentateuch 오경
pericope 페리코페
peshat 페샤트
pesher 페쉐르
Peshitta 페쉬타 (역본)
Philo of Alexandria 필론, 알렉산드리아의
Pirqe Aboth, Pirkei Avot 피르케 아보트
Platonism 플라톤주의
plērōma 플레로마
Pliny the Younger 플리니우스, 소
preexistence 선재(설)
prescript (epistolary) 서문(주로 서신의)
priestly blessing 제사장의 축복
Priestly source 제사장 문서
primeval history 원역사

Promised Land 약속의 땅
pronouncement story 선언적 예화
Prophets, Former and Latter 예언서, 전후기
proselyte 개종자
protoevangelium 원복음
proto-Luke 원누가(복음)
proto-Matthew 원마태(복음)
provenance 기원(지)
proverb 잠언
Psalter 시편(집)
Pseudepigrapha 위경(, 구약)
pseudonymous 위명(저자)의

Q

Q source Q자료
qal wahomer 칼 와호메르
qinah 키나
Qoheleth 코헬렛
Quest of the Historical Jesus 역사적 예수 탐구
Qumran 쿰란

R

rabbinic Judaism 랍비 유대교
Rad, Gerhard von 폰 라트, 게르하르트
Radical New Perspective on Paul, RNPP 바울에 관한 급진적인 새 관점 (*바울에 관한 새 관점을 보라.)
Ras Shamra Texts 라스 샴라 문서 (*우가리트를 보라.)
Rashi 라쉬
reader-response criticism 독자반응 비평
realized eschatology 종말론, 실현된
recension 개정(본)
redaction criticism 편집 비평
redactor 편집자
Redaktionsgeschichte 편집사 (*편집 비평을 보라.)
Reimarus, Hermann Samuel 라이마루스, 헤르만 자무엘
remnant 남은 자
rhetorical criticism 수사 비평
Rule of the Community 공동체 규율(서)

S

Sachkritik, Sachexegese 내용 비평, 내용 주석
saga 사가
salvation history 구원 역사
Samaritan Pentateuch, -Torah 사마리아 오경
Sanders, Ed Parish 샌더스, 에드 패리쉬
Sanhedrin 산헤드린
Schleiermacher, Friedrich Daniel Ernst 슐라이어마허, 프리드리히 다니엘 에른스트
Schweitzer, Albert 슈바이처, 알베르트
Second Temple Judaism 제2성전기 유대교
sectarian Judaism 유대 종파
Semites 셈어
Semitism 셈어적 표현
sensus literalis 센수스 리테랄리스
sensus plenior 센수스 플레니오르
Septuagint 칠십인경
Septuagintism 칠십인경투
Servant Songs 종의 노래
Shammai 샴마이
shekinah 쉐키나
Shema 쉐마
Shemoneh Esreh 쉐모네 에스레
Sheol 스올

Sitz im Leben 삶의 자리
sozioscientific interpretation 사회과학적 해석
sopherim (soferim) 소페림
source criticism 자료 비평
stela 석비(문)
Strauß, David Friedrich 슈트라우스, 다피트 프리드리히
structuralism 구조주의
Succession Narrative 왕위 계승 서사
Sumer, Sumeria 수메르
Supplement Hypothesis 보충설
suzerainty treaties 종주(권) 조약
synagogue 회당(, 유대교)
syncretism 혼합주의
synopsis of the Gospels 복음서 대조(서)
Synoptic Gospels 공관복음(서)
Synoptic Problem 공관복음(서) 문제

T

Table of Nations 민족들의 계보
Talmud 탈무드
Tanak, Tanach 타나크
Tannaim 탄나임
Targum 타르굼
Tatian 타티안 (*디아테사론을 보라.)
Teaching of the Twelve Apostles, The 열두 사도의 가르침 (*디다케를 보라.)
Ten Commandments 십계명 (*십계명을 보라.)
tendency criticism 경향 비평
terminus a quo 기발점
terminus ad quem 도달점
terseness 간결성
Tertullian 테르툴리아누스
Testaments of the Twelve Patriarchs 열두 족장의 유언

testimonia 테스티모니아
Tetragrammaton 신명사(문)자
Tetrateuch 사경
textual criticism 본문 비평
Textus Receptus 수용 본문
thanksgiving psalms 감사 시편 (*찬송(hymn)을 보라.)
theios anēr 테이오스 아네르
Theodore of Mopsuestia 테오도루스, 몹수에스티아의
Theodotion 테오도티온
theologia crucis 십자가 신학
theologoumenon 테올로구메논
theophany 하나님의(신의) 현현
Therapeutae 테라퓨타이(파)
Thomas Aquinas 토마스 아퀴나스 (*아퀴나스, 토마스를 보라.)
toledoth formula 톨레도트 (형식구)
topos 토포스
Torah 토라
Tosefta 토세프타
tradent 전승자
tradition criticism 전승 비평
Traditionsgeschichte 전승사
transfiguration 변모
triple tradition 삼중 전승
Trito-Isaiah, Third Isaiah 제3이사야
Tübingen School 튀빙겐학파
Tugendkatalog 덕 목록 (*악덕과 (미)덕 목록을 보라.)
Two-Source Hypothesis 두자료설
two-ways tradition 두 가지 길 전통
type scene 전형적 장면
typology 모형론

U

Ugarit, Ugaritic 우가리트(어)

uncial 대문자
Urevangelium 원복음서
Urgemeinde 원시 기독 공동체
Urmarkus 원마가복음

V

vaticinium ex eventu 사후 예언
vellum 벨럼지 (*양피지를 보라.)
version -(역)본
Vorlage 포어라게
Vulgate 불가타 (역본)

W

Wellhausen, Julius 벨하우젠, 율리우스
Weltanschauung 세계관
Westcott, Brooke Foss 웨스트코트, 브룩 포스
Western text 서방계 본문
Wie es eigentlich geschehen ist 있었던 그대로의 과거
wisdom Christology 지혜 기독론
wisdom literature 지혜 문학
wisdom psalms 지혜 시편
Wissenschaft 학(문)
woe oracle 재앙 신탁
womanist interpretation 우머니스트 해석
Wrede, Georg Friedrich Eduard William 브레데, 빌리암
Writings 성문서

Y

Yahweh, YHWH 야훼
Yahwist 야휘스트
Yavneh 야브네 (*얌니아 회의를 보라.)
YHWH (*야훼를 보라.)

Z

Zadokite Documents/Fragments 사독계 문헌/조각 (*다마스쿠스 문서를 보라.)
Zealots 열심당원
Zion 시온

IVP(InterVarsity Press)는
캠퍼스와 세상 속의 하나님 나라 운동을 지향하는
IVF(InterVarsity Christian Fellowship)의 출판부로
생각하는 그리스도인을 위한 문서 운동을 실천합니다.

성서학 용어 사전

초판 발행_ 2021년 10월 28일

지은이_ 아서 G. 팻지아·앤서니 J. 페트로타
옮긴이_ 하늘샘·맹호성
펴낸이_ 정모세

펴낸곳_ 한국기독학생회출판부
등록번호_ 제313-2001-198호(1978. 6. 1)
주소_ 04031 서울시 마포구 동교로 156-10
대표 전화_ (02)337-2257 팩스_ (02)337-2258
영업 전화_ (02)338-2282 팩스_ 080-915-1515
홈페이지_ http://www.ivp.co.kr 이메일_ ivp@ivp.co.kr
ISBN 978-89-328-1877-1 94230
     978-89-328-1876-4 94230(세트)

ⓒ 한국기독학생회출판부 2021

책값은 뒤표지에 있습니다.
무단 전재와 복제를 금합니다.